SCHLUSS MIT NETT!

Ein schonungsloser Ratgeber, um Grenzen zu setzen, die Angst vor dem NEIN zu überwinden, mit Idioten klarzukommen und endlich authentisch zu leben

Juan David Arbeláez

SCHLUSS MIT NETT!

Juan David Arbeláez

Alle Rechte vorbehalten. Kein Teil dieses Buches darf ohne schriftliche Genehmigung des Autors in irgendeiner Form oder mit irgendwelchen Mitteln – elektronisch oder mechanisch, einschließlich Fotokopie, Aufnahme oder durch ein Informationsspeicher- und Abrufsystem – reproduziert oder übertragen werden.

COPYRIGHT© Jaxbird LLC

20241108

Inhalt

Einleitung 1

Schluss mit toxischer Nettigkeit 2

Der hohe Preis, es allen recht machen zu wollen 8

Wie du aufhörst, ein Fußabtreter zu sein.....................13

Grenzen und Verantwortung 17

Schreib deine Regeln neu..21

Schuld: weise Ratgeberin oder gnadenlose Hexe?...........25

Sich von der Schuld befreien 27

Die Epidemie der „Entschuldigungitis" 30

Die Macht der Stille..34

Die Kunst, NEIN zu sagen und nur nach eigenem
Ermessen verfügbar zu sein...37

Loslassen, gehen lassen und fließen 40

Die Haut wechseln und der Mythos der statischen
Identität 44

Die Kunst, nichts persönlich zu nehmen 48

Die Angst vor Ablehnung..53

Trag nicht die Probleme anderer mit dir herum...........59

Aufrichtige Beziehungen...62

Gesunder Egoismus..66

Authentizität, das Geheimnis erfüllter Sexualität 70

Soziale Medien 73

Bei der Arbeit 78

Die Technik des „Das weiß ich noch nicht" 82

Emotionale Blutsauger 88

„Spobbing": Mobbing im Erwachsenenalter 92

Der schlimmste Nachbar der Welt 95

Wie man mit Heuchlern umgeht 99

Der Basar der Schnorrer 104

Ohne Scham bitten 109

Nichts ist so wichtig, wie es scheint 113

Nicht alles schlucken 116

Epilog: Ein Nachtrag zur Goldenen Regel 120

Anhang 1: Ein Kurs in Sarkasmus 124

Anhang 2: 19 Missionen, um mit dem Nettsein aufzuhören 144

Anhang 3: Die 10 Gebote wahrhaft authentischer Menschen 153

Anhang 4: Entschuldigungsformular 157

Anhang 5: Mephistophelischer Vertrag 159

Einleitung

Wer hat eigentlich behauptet, jedes Buch brauche ein Vorwort oder eine Einleitung?

Egal! Kommen wir zur Sache – wir werden hier sogar über Sex reden. Trotzdem möchte ich vorab zwei Dinge loswerden: Erstens empfehle ich, nicht mehr als ein oder zwei Kapitel pro Tag zu lesen. Zweitens betrachte ich die Anhänge meiner Bücher gern als Dessert nach dem Essen. In diesem Sinne: Die hier sind köstlich. Am besten fängst du sogar mit ihnen an.

Und jetzt – los geht's.

Juan David Arbeláez

Schluss mit toxischer Nettigkeit

Ist das Leben wirklich einfach, oder ist es vielmehr ein Wirrwarr aus Herausforderungen, Verstrickungen und Widersprüchen? Diese Frage beschäftigt Philosophen seit Jahrhunderten und zwingt jede Generation dazu, das zu überdenken, was wir über das Dasein zu wissen glauben.

Aber seien wir ehrlich: Zu behaupten, das Leben sei einfach, klingt nach einem Märchen. Wenn wir die unbeschwerten Tage der Jugend hinter uns lassen, häufen sich Verantwortungen und Komplikationen wie schmutziges Geschirr im Spülbecken. Konflikte, Frustration und Ungerechtigkeit werden immer realer, und Einfachheit erscheint als unerreichbare Illusion.

Dennoch glaube ich, dass diese Komplikationen mehr unser Inneres widerspiegeln als die Realität selbst. Der stoische Philosoph Epiktet hat es treffend formuliert: „Nicht die Dinge selbst beunruhigen uns, sondern unsere Urteile über sie." Und so stellt sich die Frage: Leben wir in einer gemeinsamen, objektiven Realität – oder ist jeder von uns in seiner eigenen Welt gefangen und gibt dem, was er erlebt, eine ganz persönliche Bedeutung? Spoiler: In dieser Welt … lebt jeder … in seiner eigenen Welt!

Sich von dem zu lösen, was wir für die Norm im Leben halten, ist nicht leicht. Wir alle haben diese innere kritische Stimme, die niemals verstummt – eine Stimme, die uns Vorwürfe macht, wenn wir Grenzen setzen, uns bestraft, wenn wir ehrlich sind, und uns Schuldgefühle einredet, wenn wir zu jemandem NEIN sagen, oder uns wie Idioten fühlen lässt, weil wir nicht standhaft geblieben sind. Wir zweifeln an uns selbst, fürchten das „Was werden die Leute denken?", stellen uns vor, dass wir den Zorn anderer auf uns ziehen, wenn wir zu laut werden, oder dass wir sie mit unserer Ehrlichkeit vertreiben.

Aber ... vielleicht ist das Leben gar nicht so erdrückend, wie wir denken. Vielleicht ist es die Linse, durch die wir schauen, die die Realität verzerrt. Was wäre, wenn wir diesen Filter abnehmen und die Dinge sehen würden, wie sie wirklich sind? Würden wir anfangs vor lauter Klarheit erblinden? Könnten wir dieses Licht mutig annehmen?

Die wahre Herausforderung besteht nicht darin, so zu tun, als wäre das Leben einfach, sondern darin zu untersuchen, wie unsere Perspektive es beeinflusst. Veränderung geschieht nicht, indem wir darauf warten, dass alles einfacher wird – Veränderung geschieht, wenn wir unsere Sichtweise anpassen. Und das kann nur jeder für sich selbst tun.

Ja, Menschen können ihre Denkweise wirklich verändern, und jeder – unabhängig von seinen Umständen – kann Klarheit und inneren Frieden finden. Ich weiß, das klingt ehrgeizig, und Zweifel sind normal – aber das heißt nicht, dass es nicht stimmt. Allerdings erfordert diese Veränderung eine ehrliche und oft unbequeme Selbstreflexion. Dass etwas schwierig ist, bedeutet nicht, dass es unmöglich ist. Wenn der Wille da ist, sich anzustrengen – wer weiß? Statt in einem Kreislauf aus Verwirrung und Frustration gefangen zu sein, könnten wir einen offenen Weg voller Möglichkeiten entdecken.

Beginnen wir also damit, eine schmerzhafte Wahrheit zu akzeptieren: Die Angst bewegt Menschen mehr als das Streben nach Tugend. So ist es nun mal, und genau das werden wir angehen und ändern. Zumindest in uns selbst.

Nettigkeit wurde immer als etwas Positives betrachtet. Sie wird mit Fürsorge für andere assoziiert, mit Gutes tun, Konfliktvermeidung und dem Wunsch, es allen recht zu machen. Doch manchmal ist übermäßige Nettigkeit in Wirklichkeit nur eine Maske für die Angst vor Ablehnung – keine echte Tugend. Und diese Gewohnheit kann zu verstecktem Groll und Erschöpfung führen, während wir uns immer weiter von dem entfernen, was wir wirklich sind.

Jetzt mal eine fiese Frage: Hast du bemerkt, dass diejenigen, die scheinbar alles erreichen, nicht immer die nettesten Menschen sind? Schau dir Könige, Politiker, Künstler, Sportler an – du wirst sehen, dass Nettigkeit oft nur eine Fassade in bestimmten Situationen ist. Ich nenne sie eine fiese Frage – nicht gegen sie gerichtet, sondern gegen uns selbst. Sie wissen etwas, das viele von uns nicht wahrhaben wollen: dass übermäßige Nettigkeit unseren Fortschritt bremsen kann.

Man kann es nicht allen recht machen. Die Forschung bestätigt es. Übermäßige Gefälligkeit hat handfeste Nachteile: schlechtere Kreditwürdigkeit, mehr Schulden und ein höheres finanzielles Risiko. Wer sich dagegen wirklich selbst an erste Stelle setzt, hat tendenziell weniger Probleme und mehr Erfolg.

Selbst in Beziehungen kann übermäßige Nettigkeit nach hinten losgehen. Vorhersehbarkeit kann andere langweilen, die eine Herausforderung suchen. Und obwohl die Auswirkungen bei Männern und Frauen unterschiedlich sein können – übertriebene Nettigkeit wird nicht immer belohnt und ist auch nicht immer attraktiv.

Wenn dich ständig Überlastung und Schuldgefühle begleiten, ist vielleicht deine übertriebene Nettigkeit die Ursache. Sie könnte dich daran hindern, wirklich ehrlich zu dir selbst zu sein – eine Maske, die niemanden überzeugt und mehr Nachteile als Vorteile bringt.

Sich aus dieser Falle zu befreien, wird kein schneller Prozess. Es ist wie das Entkommen aus einer Zwangsjacke aus Überzeugungen, die Selbstbehauptung fälschlicherweise mit Egoismus gleichsetzen. Aber ich wiederhole: Dass etwas schwierig ist, bedeutet nicht, dass es unmöglich ist.

Wie befreien wir uns aus dieser Zwangsjacke? Zunächst müssen wir erkennen, dass unsere Persönlichkeit nicht in Stein gemeißelt ist. Mit Übung und einer anderen Einstellung kann man selbstbewusst und nett zugleich sein, ohne in die Falle zu tappen, ein Tyrann zu werden – der über andere hinwegtrampelt, um voranzukommen – oder ein Fußabtreter – ein Lappen, den alle benutzen, um Dreck wegzuwischen, Dinge zu erledigen, und den sie dann in eine Ecke werfen, wenn er schmutzig und verbraucht ist.

Der Schlüssel liegt darin, sich auf die eigenen Bedürfnisse zu konzentrieren, ohne die der anderen zu ignorieren – aber mit dem Verständnis, dass jeder sein eigenes Tempo gehen und seine eigenen Lektionen lernen muss. Präge dir das ein, bis es sich in dein Gehirn brennt: Es ist an der Zeit, dass du dich endlich auf deine Prioritätenliste setzt – und zwar ganz oben.

Es ist wichtig zu verstehen, dass Selbstfürsorge kein egoistischer Akt ist, sondern eine Notwendigkeit, um bei Kräften zu sein und so anderen dein Bestes geben zu können. Dein Wohlbefinden an erste Stelle zu setzen bedeutet nicht, andere zu überfahren oder rücksichtslos zu handeln – es geht darum, ein Gleichgewicht zu finden, in dem du erkennst, dass dein eigenes Wohlbefinden die Grundlage ist, um andere unterstützen und für sie sorgen zu können. Auch wenn du nicht der Mittelpunkt des Universums bist, bist du der Mittelpunkt deiner eigenen Welt und die tragende Säule für diejenigen, die von dir abhängen – wie deine Kinder, wenn du Elternteil bist und sie noch klein sind. Wie könntest du für das Wohl anderer sorgen, wenn du dein eigenes vernachlässigst? Denk daran: Du kannst nicht geben, was du nicht hast. Für dich selbst zu sorgen ist der erste Schritt, um wirklich und dauerhaft für andere da sein zu können.

Auf der Reise, die ich in diesen Seiten vorschlage, müssen wir bereit sein, einige tief verwurzelte Überzeugungen infrage zu stellen. Wir werden herausfinden, welche Filter unsere Sicht auf die Welt verzerren – und wir werden danach streben, sie zu ÄNDERN.

Das wird nicht von Zauberhand geschehen, und allein dieses Buch zu lesen wird es nicht für dich erledigen – ich wiederhole: Diese Veränderung zu erreichen liegt allein in deiner Verantwortung. Aber hier ist meine Garantie: Jede Veränderung, die du nach der Lektüre dieser Seiten vornimmst, wird ein Gewinn sein. Ein Schritt hin zu einem authentischeren Leben. Jede noch so kleine Verschiebung der Perspektive kann die einfache und erfrischende Essenz des Lebens offenbaren, die in Wirklichkeit immer darauf gewartet hat, gewürdigt zu werden – und die, um die Eingangsfrage zu beantworten, gar nicht so schwierig ist, wie alle meinen. Deine Sicht auf die Welt ist das, was für dich zählt. Und genau die werden wir verbessern.

Der hohe Preis, es allen recht machen zu wollen

Wir alle wollen gemocht und akzeptiert werden. Das gehört zum Menschsein dazu. Aber ständig zu versuchen, es allen recht zu machen, hat seine Schattenseiten. Das permanente Streben nach Anerkennung zehrt an dir, hinterlässt oberflächliche Beziehungen und eine innere Leere, die kein Vergnügen zu füllen scheint. Übermäßige Nettigkeit bremst deinen Fortschritt, öffnet Tür und Tor für Manipulation und fesselt dich an Händen und Füßen – privat wie beruflich.

Diese Geschichte wiederholt sich überall: der Angestellte, der in seinem neuen Job glaubt, er müsse schweigen, alles schlucken und die Verantwortung anderer übernehmen, um voranzukommen. Die Freundin, die alles für ihren Partner aufgegeben hat. Der Kumpel, der jedem in der Klemme Geld leiht. Die Person, die das Mobbing ihrer „Freunde" erträgt, weil sie sonst niemanden hat.

Der Nette vom Dienst zu sein, kann ein Ticket zur Frustration werden. Die Anerkennung anderer auf ein Podest zu stellen bedeutet, das zu vernachlässigen, was wirklich zählt. Die Angst vor Ablehnung bestimmt jeden deiner Schritte, bis deine Ideale zusammenbrechen – oder zumindest völlig ins Stocken geraten.

Aber klären wir etwas: Echte Freundlichkeit darf nicht mit dem verzweifelten Bedürfnis verwechselt werden, zu gefallen und Zustimmung zu bekommen. Die eine entspringt Empathie und guten Umgangsformen, die andere der Unsicherheit und der Angst vor Zurückweisung. Menschen, die es allen recht machen wollen, verbringen ihr Leben damit, gemocht zu werden – als würde ihnen das Liebe und Akzeptanz garantieren.

Diese Angst hat ihre Wurzeln oft in der Kindheit, als unser Selbstwertgefühl in den Erwartungen der Autoritätspersonen um uns herum gefangen war. Wenn einem Kind beigebracht wird, dass es nur geschätzt wird, wenn es gefällt, trägt es diese Last ins Erwachsenenalter und lässt andere seinen Wert bestimmen.

Auch Abhängigkeit spielt eine Rolle. So wird Liebe zu etwas, das man sich verdienen muss – indem man Erwartungen erfüllt und Konflikte vermeidet. In solchen Fällen stellen diese Menschen ihre eigenen Bedürfnisse zurück, um die ihrer Partner zu erfüllen, und schaffen so eine toxische, unausgewogene Dynamik.

Und hier kommt eine weitere unbequeme Wahrheit: Gefälligkeit ist nicht so selbstlos, wie sie scheint. In vielen Fällen ist sie ein Versuch zu kontrollieren, wie andere uns sehen. Ein Gefallen, der einen Gefallen erwartet. Wer immer Ja sagt und alles für jeden tut, versucht in Wirklichkeit, die Meinung anderer zu steuern. Doch am Ende verzerrt dieser Kontrollimpuls die eigene Selbstwahrnehmung und verstrickt die Beziehungen in Lügen.

In der Psychologie gibt es den sogenannten „Spotlight-Effekt", der beschreibt, wie Menschen überschätzen, wie sehr andere ihr Verhalten und Aussehen bemerken. Dieser Effekt lässt uns glauben, wir stünden ständig unter einem imaginären Scheinwerfer – wie auf einer Theaterbühne –, beobachtet und bewertet. Die Realität ist jedoch: Die meisten Leute sind viel zu sehr mit ihrem eigenen Leben beschäftigt, um jedes Detail unseres Verhaltens oder Aussehens wahrzunehmen.

Dieser „Spotlight-Effekt" verstärkt das Bedürfnis, es allen recht zu machen, und überzeugt die Betroffenen davon, dass sie unter ständiger Beobachtung stehen.

Ein Problem mit diesem trügerischen Spotlight-Effekt: Viele andere nutzen ihn aus. Deine übertriebene Nettigkeit unter diesem Effekt wird zum Manipulationswerkzeug in den Händen anderer. Der Preis des ewigen Gefälligseins ist hoch. Ständig die eigenen Bedürfnisse aufzuschieben und Gefühle zu unterdrücken, um andere zu priorisieren, bringt Stress, Groll und mit der Zeit Depressionen. Diese Menschen laden sich zu viel auf und werden zur leichten Beute für jene, die ihren Zustand erkennen.

Um diesen Kreislauf zu durchbrechen, musst du hinterfragen, was ihn antreibt. Dein Selbstwertgefühl sollte nicht davon abhängen, was andere denken. Eine solide Basis der Selbstakzeptanz aufzubauen und NEIN sagen zu lernen ist überlebenswichtig.

Die Wurzel deines Bedürfnisses, allen zu gefallen, liegt in Überzeugungen, die sich gebildet haben, bevor du überhaupt wusstest, was Selbstwertgefühl bedeutet. Der Vergleich mit Geschwistern, Schulfreunden, Kollegen oder deinem Umfeld hat dich glauben lassen, dein Wert hänge davon ab, wie nützlich oder sympathisch du bist. Als wärst du eine Lampe, die nur leuchtet, wenn andere sie einschalten – statt ein eigenes Licht zu haben.

Die Angst vor Konfrontation spielt dir ebenfalls übel mit: Die Sorge, andere zu verärgern, die Scham oder die Angst, emotional aus der Bahn geworfen zu werden, drängen dich zum Schweigen, statt zu sprechen oder klare Grenzen zu setzen.

Dazu kommt: Das Bedürfnis zu gefallen mit der Vorstellung zu vermischen, „gut" zu sein, hebt das Ganze auf eine andere Ebene. Von klein auf lernen wir, dass Nettsein toll ist – aber unterschwellig wird uns vermittelt, dass Ehrlichkeit und an sich selbst zu denken fast ein Makel sei, egoistisch. Bei wie vielen absurden Forderungen haben wir nachgegeben – mehr aus Angst oder um nicht egoistisch zu wirken als aus irgendeinem echten Grund?

Um mit dem zwanghaften Gefallen-Wollen aufzuhören, musst du die Regeln identifizieren, die dein Leben bestimmen, und das, was wirklich zu dir passt, von dem trennen, was nur ererbter Ballast ist. Eine häufige Falle ist, zu viel Verantwortung für die Gefühle anderer zu übernehmen. Letztlich kannst du nicht kontrollieren, wie sich andere fühlen – Enttäuschung und Ärger gehören zum Spiel, und zu akzeptieren, dass andere das Recht haben, so zu empfinden, nimmt dir eine Last von den Schultern.

Selbst falsch verstandene Religion kann einen toxischen Perfektionismus verstärken und dich jeden Gedanken an unerreichbaren göttlichen Maßstäben messen lassen. Diese lähmende Schuld loszulassen – dass jemand in den Wolken alles hört, sieht und beurteilt, was du auf Erden tust –, öffnet die Tür zu echtem Glauben, Selbstmitgefühl und tieferen Verbindungen.

Also, was wirst du tun? Weiter den schweren Rucksack der übertriebenen Nettigkeit schleppen oder es wagen, zu deiner authentischsten und erfülltesten Version zu werden? Für die Mutigen, die es versuchen, öffnet sich die ganze Welt. Ja, es ist schwer, aber die Belohnungen sind real und von Dauer. Es ist Zeit, kein Fußabtreter mehr zu sein, nicht länger der Sündenbock für alle zu spielen und endlich für dich selbst zu leben!

Wie du aufhörst, ein Fußabtreter zu sein

Wir alle jagen irgendeiner Fantasie von Größe hinterher, und dabei haben wir geglaubt, dass es zum Erfolgsrezept gehört, anderen zu gefallen. Am Ende des Tages sind wir erschöpft und fragen uns, wann zum Teufel das Leben zu einem endlosen Rennen wurde, bei dem man nicht vorankommt. Man verkauft uns die Idee, dass Nettsein und Selbstlosigkeit der Schlüssel zu erfolgreichen Beziehungen seien – aber niemand sagt dir, dass dieser Weg oft in Stillstand, Groll und darin endet, die eigenen Träume im Sumpf der Gefälligkeit zu begraben.

Sich selbst an erste Stelle zu setzen ist nicht egoistisch, es ist gesunder Menschenverstand: Es ist Überleben. Wie oft hat man dir im Flugzeug gesagt, dass du dir bei einem Druckabfall zuerst die Sauerstoffmaske aufsetzen sollst, bevor du anderen hilfst? Diese Regel gilt auch fürs Leben. NEIN zu sagen zu dem, was nicht zu deinen Prioritäten passt, ist Selbstfürsorge, keine Kälte. Es ist auch keine Schwäche, es ist das Abstecken deines Territoriums. Klar zu wissen, was du brauchst, und zu wissen, wann du Nein sagen musst, öffnet die Tür zu authentischeren Erfahrungen.

Hier kommt die Bedeutung von Grenzen ins Spiel. Klare Grenzen zu haben ist das, was uns wirklich Kontrolle und Macht gibt. Die Fähigkeit, NEIN zu sagen und unsere Bedürfnisse über die Forderungen anderer zu stellen, schenkt uns ein unbezahlbares Gefühl von Freiheit. Ohne diese Grenzen treiben wir in einem Meer fremder Erwartungen, im Glauben, dass ständiges Nettsein eine Tugend sei – ohne zu merken, dass sich hinter dieser Nettigkeit nur angestauter Stress und Frust verbergen, von den tausend Tritten all jener, die über uns hinwegtrampeln. Und das bekommt der Körper zu spüren: Schmerzen, Verdauungsprobleme – das klassische Zeichen, dass etwas nicht stimmt, auch wenn wir Ruhe vortäuschen. Ja, der Körper somatisiert alles: Als du beim Arzt warst und er sagte, es sei „nur Stress", war das nichts anderes als eine einfache Art, dir zu sagen, dass du etwas an deiner Denkweise ändern musst – denn dein Körper ist nicht einverstanden.

Keine Grenzen zu setzen raubt dir die Klarheit darüber, wer du wirklich bist. Die Gefühle anderer über deine eigenen zu stellen, zieht dich in einen Kreislauf aus Angst und Schuld, der jede echte Beziehung zerstört. Grenzen zu verstehen und danach zu handeln verwandelt Beziehungen von einem Ausdauerspiel in eines von Respekt und Authentizität. Ja, als deine Freunde oder Familie dich weinend am Boden sahen und in ihrem Versuch zu trösten fragten: „Warum hast du nichts gesagt / getan / angesprochen?" – auch sie forderten dich auf, Grenzen zu setzen, in einem Moment, als du es gebraucht hättest.

Du musst wissen, was du wirklich willst. Du musst definieren, wer du wirklich bist – nicht, wie du hoffst, dass andere dich sehen. Du musst brutal ehrlich mit dir selbst sein und aufhören, dem Wert beizumessen, was ihn nicht verdient, oder dem, was ihn verspricht, aber nicht liefert. Dich regelmäßig mit dem zu verbinden, was du wirklich willst, kann deine gesamte Art, Entscheidungen zu treffen, verändern. Das bedeutet, Grenzen zu definieren. Das bedeutet, deine Prinzipien festzulegen. Das bedeutet, der Welt zu sagen: „Das bin ich. So bin ich, und so will ich sein." Diese Selbstreflexion – von alltäglichen Dingen bis zu den großen Veränderungen – gibt uns Klarheit. Das sind deine Prinzipien, und sie sind nicht verhandelbar.

Wenn du nicht definieren kannst, wer du bist, dann versuche es von der anderen Seite: Ein guter Ausgangspunkt ist zu wissen, was du NICHT willst. Von dort aus wird es einfacher, Alternativen zu erkunden. Dir ständig die Fragen „Was will ich?" und „Was will ich NICHT?" zu stellen, hilft dir, dich wieder mit deinem authentischen ICH zu verbinden und erleichtert Entscheidungen.

Die Sache ist die: Menschen wissen tendenziell, was sie wollen, aber oft sind sie gezwungen, ihre Wünsche herunterzuschlucken, um sich den Erwartungen anderer anzupassen. Mit der Zeit entstehen dadurch einschränkende Glaubenssätze und das Gefühl, dass es egoistisch sei, etwas zu wollen. Aber Wünsche sind weder gut noch schlecht – Wünsche sind einfach. Sie zu ignorieren macht niemanden tugendhafter, es verstärkt nur die Frustration und belastet die Beziehungen.

Andererseits ist es häufiger, als man denkt, nicht zu wissen, was man will – besonders nach Jahren, in denen man gelebt hat, um anderen zu gefallen. Ein „Ich weiß nicht" als Antwort auf die Frage „Was willst du wirklich?" kann eine Angst verbergen, sich dem zu stellen, was du tatsächlich fühlst. Es kann ein Zeichen dafür sein, das Bekannte und Bequeme vorzuziehen, auch wenn es unbefriedigend ist, statt den Weg der Selbstfindung einzuschlagen.

Der Weg, das anzugehen, ist mit Neugier. Immer davon auszugehen, dass alles etwas Wertvolles mit sich bringt: Bei allem Unerwarteten – ob gut oder schlecht – immer denken: „Ich frage mich, was ich entdecken werde? Was kann ich daraus mitnehmen? Was hat das für mich?" Das kann jede Erfahrung in etwas Positives verwandeln.

Wenn du keine Grenzen setzt, lässt du andere die Kontrolle über deine Meinungen und Entscheidungen übernehmen. Das führt zu dem Glauben, „offen" zu sein bedeute, dass die Meinung anderer mehr zählt und du nur ein Vehikel für ihre Wünsche bist. Dich aus dieser Falle zu befreien bedeutet, deiner eigenen Perspektive vollen Raum zu geben – egal ob du einen Experten oder einen Anfänger vor dir hast, der dir widersprechen oder dich nicht verstehen könnte. Die Sicherheit, auszudrücken, was du denkst, beginnt im Inneren. Ständig nach externer Bestätigung zu suchen, verursacht Verwirrung und begrenzt die Fähigkeit, das zu ändern, was du verbessern möchtest.

Grenzen und Verantwortung

Ich weiß, es ist ein Klischee, aber greifen wir trotzdem auf die altbekannte Metapher des Gartenzauns zurück. Dieser Zaun bildet eine physische Grenze, die markiert, wo ein Grundstück endet und ein anderes beginnt. Auf der einen Seite ist der Garten für Pflanzen und Spiel, auf der anderen Seite ist etwas anderes oder es gehört jemand anderem. Genauso ist es mit dir als Person, wenn du deine Grenzen setzt und sie klar sind: Du weißt genau, wo deine Rechte und Pflichten anfangen und wo die der anderen beginnen. Ohne diese Klarheit vermischt sich alles, wird zu einem einzigen Brei, und du endest damit, die Probleme anderer zu schultern.

Dieser klare Mangel an Grenzen ist ein Rezept für die Katastrophe: Du schaffst Verbindungen voller Missverständnisse, in denen sich alle für die Könige der Tanzfläche halten, aber niemand den Schritt kennt. Jeder kann auf dir herumtrampeln oder über dich hinweggehen. Jeder Versuch, eine Diskussion oder eine Kleinigkeit zu klären, verwandelt sich in ein Tribunal, bei dem einer das Thema anspricht und der andere in die Defensive geht, das Gespräch ablenkt und das Problem aufbläht mit Sätzen wie: „Wie kannst du es wagen, so etwas zu sagen?" So versteckt sich jedes echte Problem besser als eine Katze im Gewitter – besonders wenn derjenige, der es anspricht, einer von denen ist, die immer der Gute sein wollen. Statt den Konflikt zu lösen, konzentrieren wir uns darauf, die negativen Emotionen zu beruhigen, ohne die Wurzel des Problems anzurühren.

Langfristig ist das Ergebnis eine Katastrophe mit Ansage: Ungelöste Probleme häufen sich an, und die eingeschränkte Kommunikation wird zu einer unüberwindbaren Mauer für echtes Verständnis. Der Schlüssel zu gesunden Beziehungen liegt darin, diese Grenzen zu setzen und zu wissen, wer was tut. Mit diesen Grundlagen werden Interaktionen authentischer und leichter, ohne Verantwortungen zu tragen, die dir nicht gehören.

Der Punkt ist, Verantwortung neu zu definieren: Man kann Empathie haben, ohne die eigenen Grenzen über Bord zu werfen. Heutzutage, dank Epidemien wie dem mentalen WOKE-Virus, bei dem links und rechts Parolen wie „Lass nicht zu, dass Privilegien deine Empathie trüben" verkündet werden, scheint es ein Verbrechen zu sein, Grenzen zu setzen oder Privilegien zu haben – aber das ist es nicht! Es ist nur eine Falle, die deine Verantwortungen und Rechte entpersonalisiert: eine Verzerrung, dass das Leben nur aus Rechten und nicht aus Pflichten bestehe. Deshalb mag es heute mehr denn je verrückt erscheinen, neu zu überdenken, was Verantwortung bedeutet. Aber auch wenn es für die jüngeren Generationen wie ein Märchen klingt: Jeder ist für seine eigenen Emotionen verantwortlich.

Die Idee zu verinnerlichen, dass „wir nicht dafür verantwortlich sind, wie sich andere fühlen", ist wie ein Atemzug frischer Luft und gleichzeitig eine Herausforderung. Es mag so wirken, als würdest du die Gefühle anderer ignorieren, aber das ist nicht der Fall.

Wir sind so daran gewöhnt, die Gefühle anderer auf Kosten unserer eigenen zu schützen, dass die heutige Welt diesem Trend folgt und Menschen hervorbringt, die von Tag zu Tag fragiler und formbarer werden – oder wie ich sie lieber nenne: Weicheier.

Dieser Drang, niemanden zu verletzen, bremst uns aus. Viele denken: „Wenn ich sage, was ich denke, beleidige ich sie bestimmt." Diese Vorstellung verwandelt jede Aufrichtigkeit in ein Minenfeld und blockiert jede Form echter Verbindung. Den anderen als jemanden zu sehen, der unfähig ist, Unbehagen auszuhalten, verhindert den Aufbau authentischer Bindungen und erzeugt das falsche Bild, dass alle mit Samthandschuhen angefasst werden müssen. Genau deshalb sprechen wir heute von den neuen Generationen als „Generation Schneeflocke".

Lassen wir jeden seine eigenen Emotionen handhaben. Wir alle sind dazu fähig. Und wenn du es jetzt nicht kannst, schaffst du es sicher später. Die Zeit heilt alles, und wenn sie es nicht heilen kann, dann löst sie es auf. So lässt du das Gewicht los, die Reaktionen anderer kontrollieren zu wollen, und schaffst Raum für gegenseitigen Respekt.

Diesen Unsinn loszulassen, für alles verantwortlich zu sein, was die Menschen um uns herum fühlen, und zu verstehen, dass uns diese Aufgabe nie bei der Geburt zugewiesen wurde, kann nur befreiend sein. Das Gleichgewicht zwischen Empathie und dem

Aufrechterhalten solider Grenzen zu finden, ist essenziell, um zu gedeihen – sowohl persönlich als auch beruflich.

Es ist nicht egoistisch, Grenzen zu setzen – es ist ein Akt der Selbstliebe, der ein Umfeld schafft, in dem Beziehungen ausgewogen und authentisch gedeihen können. Es hilft, einen fruchtbaren Boden für echte und gesunde Verbindungen zu schaffen. Indem du diese Grenzen markierst und aufrechterhältst, erzeugst du eine Dynamik, die sowohl deine Bedürfnisse und Vorlieben als auch die der anderen respektiert. Grenzen sind keine Mauern, sondern Leitplanken für respektvolle und fruchtbare Beziehungen. Sie ermöglichen es, mit Klarheit und Vertrauen zu interagieren und gegenseitiges Verständnis und Respekt zu gewährleisten.

Erkläre mit Überzeugung und ohne Angst davor, was sie sagen könnten: „Bis hierhin und nicht weiter! Ab da seid ihr dran."

Punkt.

Schreib deine Regeln neu

Die Realität ist: Als wir in dieses Spiel namens Leben kamen, hat uns niemand eine Gebrauchsanweisung gegeben. Jeder muss seine eigenen Prinzipien und Werte herausdestillieren, um seine Regeln aufzustellen. Aber wie entscheidet man, welchen Regeln man folgt, und – noch wichtiger – wie erschafft man seine eigenen Regeln?

Klar, es gibt die Grundregeln, diese Gesetze der Gesellschaft, die die meisten ohne mit der Wimper zu zucken akzeptieren und die uns helfen, das soziale Gleichgewicht – zumindest teilweise – aufrechtzuerhalten. Aber die täglichen Entscheidungen werden von einem inneren Algorithmus gesteuert, der bestimmt, wie du sprichst, handelst und dich zu anderen verhältst. Nach Jahren des Versuchs, es allen recht zu machen, verflüchtigt sich deine Authentizität, und du triffst Entscheidungen basierend auf den Erwartungen anderer. Dieses Geflecht aus Normen nistet sich still und leise in deinem rationalen und unterbewussten Verstand ein. Jede externe Kritik sickert in deine mentale Liste von Dingen ein, die du „nicht hinterfragen solltest" – oft ohne dass du es überhaupt merkst. So können die absurdesten Regeln in lächerlichen sozialen Situationen wieder auftauchen:

- Du solltest das tun.

- Du solltest mehr ausgehen.

- Du solltest diese Miene ändern.

Du solltest... Du solltest... Du solltest! Das Ergebnis ist ein begrenzter Katalog erlaubter Verhaltensweisen, beherrscht von Selbstzensur und einem von außen übernommenen „Solltest"-Kommando. Diesen Normen zu folgen, zermürbt dich und verwandelt das Leben in einen Käfig voller Angst vor dem Urteil anderer. Diese Liste der „Solltest" zu überprüfen, kann eine Offenbarung sein. Ergeben sie noch Sinn? Oder sind es veraltete Grenzen, die du dir einst auferlegt hast und die dich jetzt nur noch ausbremsen?

Viele von uns tragen Regeln mit sich herum, um die wir nie gebeten haben – Normen, die uns davon abhalten, die Stimme zu erheben, zu widersprechen oder dem treu zu bleiben, was wir wollen. Zu erkennen, dass diese Ketten gebrochen werden können, ist entscheidend. Also tu dir selbst einen Gefallen, erforsche dein Inneres und beantworte dir jetzt gleich: Welche drei dieser „Solltest" wiederholst du oft, und welche Schuld tragen sie mit sich? Die tyrannischsten Regeln klammern sich an Werte, die in die Seele eingraviert sind. Sich von ihnen zu lösen ist nicht leicht, aber wenn du darüber nachdenkst, wirst du entdecken, dass dieser ständige Kampf, der Liebe und Akzeptanz würdig zu sein, mehr ein Schrei nach kindlicher Bestätigung ist als eine echte Verbindung: Zu leben, um genug zu sein, ist eine erbärmliche Falle.

Der nächste Schritt ist, diese alten Regeln durch solche zu ersetzen, die wirklich zählen. Verwandle deine

„Solltest" in „Könntest". Passe deine Liste an. Diese Normen müssen deine eigenen sein, gebaut, um ein Leben zu tragen, das mit dir im Einklang ist.

Beginne mit deinen inneren „Ich sollte...". „Könnte" statt „sollte" in deinem inneren Dialog zu verwenden, eröffnet eine Welt voller Möglichkeiten:

- „Ich sollte abnehmen" / „Ich könnte abnehmen"

- „Ich sollte den Job wechseln" / „Ich könnte den Job wechseln"

- „Ich sollte es meinen Eltern sagen" / „Ich könnte es meinen Eltern sagen"

Der Unterschied liegt darin, dass das „sollte" dir Schuldgefühle macht, das „könnte" aber nicht. Das erste ist eine innere Peitsche, das zweite ein Licht, das dir hilft, besser darüber nachzudenken, wie du die Dinge angehen kannst.

Genauso, wenn dir jemand ein „Du solltest..." an den Kopf wirft, antworte ohne Angst: „Oder ich könnte!" Das ist Grenzen setzen. Niemand hat das Recht, dir zu sagen, was du tun „solltest", und du nimmst deine Entscheidungsmacht zurück und machst das unmissverständlich klar.

Die „Könntest" geben dir Optionen, um besser zu wählen, ohne Schuld mit dir herumzutragen. Am Ende des Tages, mehr als jedes äußere Hindernis, bleibt es allein deine Sache, das zu tun oder nicht zu tun, was du tun KÖNNTEST: Lass es nicht zur Ausrede werden, das aufzuschieben, wovon du im Grunde weißt, dass du es nutzen KÖNNTEST. Zwischen Reden und Handeln liegt ein weiter Weg, aber in der Mitte – da stehst immer DU SELBST!

„Du könntest wirklich tun, was du gesagt hast, dass du tun könntest!"

Schuld: weise Ratgeberin oder gnadenlose Hexe?

Die alten inneren Regeln, die wir erwähnt haben, sind wie Geister, die dich mit imaginären Visionen von Ablehnung oder Schuld erschrecken, falls du es wagst, sie zu brechen. Aber seien wir ehrlich: Diese Ängste sind reines Theater. Wenn du deinem inneren Kompass folgst, kommen Wahrheiten ans Licht, die du nicht sehen wolltest. NEIN zu sagen oder Grenzen zu setzen hat bisher noch nicht den Weltuntergang ausgelöst. Tatsächlich kann es ziemlich gute Überraschungen bringen, auf deine eigene Art zu leben.

Klar, das Drehbuch umzuschreiben ist kein Spaziergang im Park. Die Schuld taucht auf, wenn du deine Grenzen neu ziehst – hier übernimmt sie gern die Rolle der gnadenlosen Hexe. Aber es gibt zwei Arten von Schuld: die, die wirklich nützlich ist, und die, die dich ausbremst. Die erste erinnert dich daran, dass du dich von deinen Prinzipien entfernst – sie ist wie dein inneres Navi, damit du nicht aus den Augen verlierst, wer du wirklich sein willst. Sie sagt dir, dass du den Kurs korrigieren solltest – das ist die weise Ratgeberin. Die zweite ist purer toxischer, ätzender Müll, basierend auf der Idee, dass du es verdienst, für deine Fehler zu leiden. Das ist, wie gesagt, die gnadenlose Hexe, die dich nach Belieben verflucht und manipuliert.

Statt dich selbst zu quälen, verbinde dich mit dem, was darunterliegt: der Schmerz, die Enttäuschung, die

Angst, allein zu sein. Mit Empathie auf diese Emotionen zu reagieren, öffnet die Tür zu echten Veränderungen. Es sind unbequeme Gefühle, aber sie sind nur das: Sie können überwunden werden, und mit jeder Minute, die vergeht, wird es leichter.

Echte Veränderung ist kein Wettbewerb der Willenskraft, sondern ein Pakt mit dir selbst. Einen Gang runterschalten, den Körper spüren, hören, was die Schuld zu sagen hat – das führt dich zur Klarheit. Dort unterscheidest du, was wirklich zählt und wie du dich in dieser Welt positionieren willst. Gewohnheiten zu entwickeln, die mit dieser Vision im Einklang sind, ist das Rezept für dauerhafte Veränderungen.

Absurde Schuld entsteht aus starren Regeln, die deine Werte übergangen haben. Diese Regeln ziehen dich in den Kreislauf ständiger Selbstkritik und verkaufen dir die Illusion, dass nur die eigene Perfektion oder die Befindlichkeit anderer dich erlösen kann. Die Obsession mit Perfektion loszulassen ist essenziell. Zu glauben, dass Frieden und Glück nach dem nächsten Erfolg kommen werden, ist Betrug. Selbst die größten Erfolge bringen nur eine kurze Verschnaufpause vor dem nächsten Problem. Das zu verstehen ist der erste Schritt, um aufzuhören, im Kreis zu rennen.

Nutze Schuld, um zu lernen und dich anzupassen – niemals, um dich selbst zu geißeln.

Sich von der Schuld befreien

Nun, niemand ist – und sollte auch nicht sein – der Manager der Emotionen oder Forderungen anderer. Man muss nicht zu allem JA sagen. Jeder muss selbst herausfinden, wie er seine eigenen Bedürfnisse befriedigt.

Die Schuld kommt uns alle ab und zu besuchen, aber sich ständig im Kreis zu drehen und zu fragen „Warum ich? Warum habe ich das nicht getan?" ist der schnellste Weg, deine mentale und emotionale Gesundheit zu ruinieren. Wenn es etwas gibt, wovon du dich überzeugen musst, dann ist es das: Schuld ohne sinnvollen Nutzen ist so nützlich wie eine Gabel in der Suppe. Darin zu ertrinken, bis sie dich lähmt, ist wie Selbstfolter ohne jedes Ergebnis.

Der Trick liegt darin, diese Schuld in etwas Nützliches umzuwandeln. Wenn eine Situation einen bitteren Nachgeschmack hinterlässt, erkenne an, dass etwas schiefgelaufen ist – Punkt. Kein Drama, nur der erste Schritt, damit du es beim nächsten Mal nicht genauso verbockst.

Um zu sehen, ob etwas wirklich in deinem eigenen Interesse liegt, frag dich immer Folgendes:

1. Was will ich wirklich?

2. Wie sehr will ich es?

3. Welche Bedürfnisse decke ich damit ab?

4. Welche Auswirkungen wird das auf andere haben?

5. Wie können sie ihre eigenen Bedürfnisse selbst erfüllen?

6. Wenn ich nichts für andere tue, passiert ihnen etwas Schlimmes?

Wenn der Wunsch existiert und der Kollateralschaden minimal ist – nur zu, null Schuldgefühle. Ihn zu unterdrücken sammelt nur Frust und Groll an, während ihn dir zu erlauben Energie, Selbstsicherheit und sogar Großzügigkeit verleiht.

Wenn du das Gefühl hast, wirklich Mist gebaut zu haben, identifiziere, woher deine Schuld kommt, und nimm dir einen Moment, um dir vorzustellen, wie du gern gehandelt hättest. Es ist wie eine mentale Generalprobe, damit du beim nächsten Mal klarer siehst. Nenn es „deinen Lebensalgorithmus anpassen", wenn du willst, aber aus deiner Reaktion zu lernen und sie zu verbessern – selbst in einem mentalen Szenario – ist keine Option, es ist unverzichtbar.

Von diesem Punkt an gilt die Verpflichtung dir selbst gegenüber. Schluss mit dem Gerede – stell sicher, dass du die Lektion beim nächsten Mal erinnerst. Dieser innere Pakt verwandelt Schuld in einen Funken der Verbesserung, nicht in einen Anker, der dich runterzieht.

Aufhören, Schuld zu empfinden, ist nicht dasselbe wie einen Schlussstrich zu ziehen und deine Fehltritte zu ignorieren. Es bedeutet, dir selbst zu sagen: „Okay, ich hab's verbockt – was kann ich daraus mitnehmen, um es in Zukunft zu vermeiden oder besser zu machen?", aus der Situation zu lernen und den Mut zu haben, dieselbe Szene nicht zu wiederholen. Das ist Selbsterkenntnis, Vorankommen und Weiterentwicklung. Alles andere ist Zeitverschwendung.

Die Epidemie der „Entschuldigungitis"

Viele Menschen gehen durchs Leben und folgen Regeln, die gar nicht existieren, verängstigt davor, imaginäre Linien zu überschreiten, und mit der Angewohnheit, sich sogar fürs Atmen zu entschuldigen. In Lateinamerika, und noch mehr in meinem Land Kolumbien, schleichen sich das Wort „Entschuldigung" und seine Varianten wie „Verzeihung", „tut mir lcid" und so weiter in Gespräche ein wie ein nervöser Tick – sie füllen unangenehme Pausen oder mildern Sätze ab, die keinen Balsam brauchen. Ich nenne diesen Zustand gern „Entschuldigungitis", ein Begriff, den ich in meinem Buch WURSCHTIGKEIT geprägt habe: der Zwang, sich für alles zu entschuldigen: der Zwang, sich für alles zu entschuldigen, ohne jeden Grund – eine Floskel, die man sogar dann raushaut, wenn man gar nichts getan hat, das Tadel verdient.

Sich grundlos zu entschuldigen ist, als würde man sich gar nicht entschuldigen: Das Wort verliert jede Wirkung. Wer sich für alles und ohne Rechtfertigung entschuldigt, sendet eine klare Botschaft: Diese Person weiß nicht, wo sie steht, und respektiert sich selbst nicht. Und wenn jemand sich selbst nicht respektiert – warum sollten es die anderen tun? Diese Angewohnheit macht denjenigen, der darunter leidet, zu jemandem, der beim kleinsten Hauch von Konfrontation zurückweicht.

- „Entschuldigung, ach, sorry, könnten Sie...?"

- „Entschuldige, ich will nicht stören, aber..."

- „Verzeih, darf ich dir eine Frage stellen?"

Diese und viele ähnliche Sätze, die harmlos erscheinen, sind Platzpatronen, die Entschuldigungitis-Kranke gedankenlos abfeuern – sie spiegeln eine tiefe Unsicherheit und eine irrationale Angst vor Ablehnung wider. Niemand muss sich dafür entschuldigen, dass er existiert.

Der Punkt ist: Echte Entschuldigungen sollten für das reserviert sein, was sie wirklich verdient – wenn du einen echten Fehler gemacht oder realen Schaden angerichtet hast. Dich aus Angst oder als Füllwort zu entschuldigen, untergräbt dein Selbstwertgefühl und entwertet dein Wort.

Sagen wir es so: Das deutsche Wort „Entschuldigung" bedeutet wörtlich, die Schuld von sich zu nehmen – sich von einer Schuld zu befreien. Jedes Mal, wenn du es sagst, frag dich also: Gibt es wirklich eine Schuld, von der ich mich befreien muss? Wenn die Antwort Nein ist, ist deine Entschuldigung überflüssig. Und wenn die Antwort Ja ist, dann stell sicher, dass sie mit einem echten Vorsatz und einer echten Veränderung einhergeht.

Wenn Entschuldigungen wie Bonbons verteilt werden, werden sie zu Hintergrundrauschen. Eine aufrichtige Entschuldigung kann eine Beziehung reparieren, aber wenn du sie ständig benutzt, verliert sie jeden Wert.

Mit der Entschuldigungitis zu brechen erfordert, dass du vor dem Sprechen innehältst und dich fragst, ob die Handlung die Entschuldigung wirklich verdient. Statt dich fürs Zuspätkommen zu entschuldigen, bedanke dich für die Geduld beim Warten. Verteidige deine Entscheidungen, ohne reflexhaft um Verzeihung zu bitten. Lerne zu erkennen, wann du einem aufgezwungenen kulturellen Skript folgst – und ändere es.

Probier diese Übung aus: Mach ein „Entschuldigungs-Fasten". Zähle, wie oft du „Entschuldigung", „tut mir leid", „Verzeihung" und Varianten davon in drei oder vier Tagen sagst. Dann verpflichte dich, dich in den folgenden zehn Tagen nur dann zu entschuldigen, wenn es wirklich nötig ist. Schluss damit, um Verzeihung zu bitten, weil du existierst oder weil du einen Schatten wirfst. Am Anfang wird es sich unangenehm anfühlen, die eine oder andere „Entschuldigung" wird dir entwischen, aber das gehört zum Prozess. Jeder kleine Schritt wird diese Sicherheit stärken. Mit der Zeit werden die leeren Entschuldigungen verschwinden. Eine einfache, aber effektive Übung zur Stärkung des Selbstwertgefühls.

Wenn diese innere Stimme – die Schuld – anfängt zu predigen: „Tu das nicht, sonst denken sie schlecht von dir", ist es Zeit, auf die Bremse zu treten. Zeit, diese

Gedanken zu durchleuchten. Die Vorstellung von „Schlechtigkeit" ist oft nur ein Echo alter Überzeugungen, die uns von Figuren aufgezwungen wurden, die – zu ihrem eigenen Wohl – nicht wollten, dass wir sie in Verlegenheit bringen. Aber diese Überzeugungen sind nicht immer real und gehen nicht immer Hand in Hand mit unseren heutigen Werten.

Die Entschuldigung sollte eine bewusste Handlung sein, kein automatischer Reflex. Sinnlose Ausreden zu reduzieren stärkt den Selbstrespekt und den Respekt der anderen. Wenn du ständig um Verzeihung bittest, machst du vielleicht wirklich dauernd Mist – in dem Fall hast du einen Rüffel verdient – oder du übertreibst einfach, entschuldigst dich grundlos und fürchtest dich sogar vor deinem eigenen Schatten. Keine der beiden Ursachen ist nützlich.

Also, Schluss mit sinnlosen Entschuldigungen. Benutze Worte mit dem Gewicht, das sie verdienen, und du wirst sehen, wie der Respekt wächst – deiner und der der anderen. Entscheide dich, dich gegen die Entschuldigungitis impfen zu lassen.

Die Macht der Stille

Schweigen ist keine schwache oder feige Geste – es ist eine Mauer, die Grenzen setzt, deine Würde intakt hält und mehr kommunizieren kann als Dutzende von Worten, die mit Wut und Frustration gewürzt sind.

Schweigen ist der Meisterzug, um Grenzen zu ziehen, ohne zu nett zu sein oder aggressiv zu werden. Wenn man absurde Dinge von dir verlangt oder du mit Manipulation konfrontiert wirst, kann Stillschweigen lauter sprechen als jede Rede. Zu schweigen macht klar, dass du nicht bereit bist, blitzschnell zu reagieren, dass du lieber nachdenkst, bevor du antwortest, und dass man dich nicht so leicht zu einer Antwort auf Abruf zwingen kann. Sich für Schweigen zu entscheiden bedeutet, die Zügel in die Hand zu nehmen, wie du handelst, statt jeden Impuls sofort in eine Reaktion münden zu lassen.

Die Stoiker wussten genau, dass Schweigen ein Synonym für Selbstbeherrschung war. Epiktet fasste es so zusammen: „Wir haben zwei Ohren und einen Mund, um doppelt so viel zu hören, wie wir sprechen." Diese einfache Idee unterstreicht den Wert, mit kühlem Kopf und Mäßigung zu antworten. Schweigen zeigt, dass du dich auf das konzentrierst, was du kontrollieren kannst: deine Reaktionen. Du kannst das Äußere nicht steuern, aber du kannst entscheiden, nicht zu antworten – oder abzuwarten, bevor du es tust.

Schweigen ist auch ein Akt der Selbstliebe. Es macht klar, dass du deinen eigenen Gedanken vertraust, dass du nicht jede Kleinigkeit sofort rechtfertigen musst, nicht jeder Diskussion nachjagen oder das letzte Wort haben musst. Zu schweigen zeigt, dass du nicht nach den Regeln anderer lebst. Es gibt dir Zeit, zu verarbeiten und auf deine Weise zu antworten.

In der Geschäftswelt kann eine Pause wirkungsvoller sein als jedes Argument: Sie bringt die andere Seite dazu, mehr zu reden oder ihre Position zu ändern. In Konflikten senkt Schweigen die Spannung und schafft Raum, die Dinge neu zu überdenken. Und bei Entscheidungen verhindert ein Moment stiller Reflexion automatische, unüberlegte Antworten. Gegenüber inakzeptablem Verhalten ist Schweigen ein Werkzeug, das ein nutzloses Hin und Her vermeidet.

Aber Vorsicht: Verwechsle Schweigen nicht mit Passivität. Zu schweigen muss eine aktive Entscheidung sein, die tatsächlich mehr kommunizieren kann als jeder Monolog. Es geht nicht darum, Problemen auszuweichen oder vor der Wahrheit zu fliehen, sondern darum, zu wissen, wann man sich zurückhält und wann man handelt.

Um das Schweigen zu nutzen, muss man sich an Pausen gewöhnen und dem Impuls widerstehen, jede Lücke mit Worten zu füllen. Bevor du auf Kritik oder Forderungen antwortest, ist es besser, abzuwarten und nachzudenken. Das Schweigen mit einem festen, ruhigen Blick zu begleiten, verstärkt seine Wirkung.

Persönlich funktioniert ein Trick ziemlich gut für mich: Ich wiederhole mir einen Satz wie ein Mantra, wenn ich mich in einer sinnlosen Diskussion wiederfinde und schweigen will: „Wer redet, verliert!" und „Reden ist Silber, Schweigen ist Gold". In der Hitze einer hitzigen Diskussion flüchte ich mich in diesen inneren Dialog und wiederhole mir diese Sätze wieder und wieder, während der andere keucht, poltert und ohne Pause redet – oft bereut er danach sogar, was ihm herausgerutscht ist. In Situationen, in denen jeder andere die Leere mit Worten, beliebigen Kommentaren oder sogar Beleidigungen füllen würde, bleibt man eiskalt. Innerlich muss man nur standhaft bleiben und sich diese Sätze wiederholen, nach außen – kann dir nichts etwas anhaben!

Schweigen zu praktizieren bedeutet auch, aufzuhören, dich zu rechtfertigen und nach Zustimmung zu suchen. Es bedeutet, auf dieses falsche Gefühl von Kontrolle zu verzichten, aber gleichzeitig setzt es Grenzen und verschafft Respekt, ohne dass du ein Wort sagen musst. Es ist ein Symbol der Sicherheit, eine Erklärung, dass du dich nicht vom äußeren Chaos mitreißen lässt. Wenn du dich entscheidest zu schweigen, sendest du eine machtvolle Botschaft: Du bist nicht Sklave deiner Worte – und auch nicht der Worte anderer.

Die Kunst, NEIN zu sagen und nur nach eigenem Ermessen verfügbar zu sein

Wenn du das Gefühl hast, immer für alle verfügbar zu sein, die ganze Zeit, dann ist es Zeit, auf die Bremse zu treten und deine Prioritäten zu überdenken. Deine Zeit und Energie sind keine unerschöpfliche Ressource, und deshalb verdienen sie eine kluge Verteilung und Investition von deiner Seite – bevor andere das für dich übernehmen.

Nach eigenem Ermessen verfügbar zu sein, macht dich nicht zu einem Eisblock. Es ist sehr leicht, in die Falle zu tappen zu glauben, wir müssten immer für andere verfügbar sein – selbst wenn das bedeutet, unser eigenes emotionales Gleichgewicht zum Einsturz zu bringen oder sogar unsere Pläne abzusagen. Aber die Realität ist: Du kannst nicht die Stütze für alle sein, und schon gar nicht die ganze Zeit.

Beginne damit, die Menschen und Situationen zu identifizieren, die deine Aufmerksamkeit wirklich verdienen. Das bedeutet nicht, dass du alle Verbindungen kappen musst, sondern einfach bewusster zu sein, worin du deine Zeit und Energie investierst. Umgib dich mit Menschen, die dich wertschätzen und deine Grenzen respektieren – Menschen, die dir etwas geben, von denen du lernst.

Jorge Luis Borges hatte ein tiefes Verständnis von Freundschaft und betonte ihre zeitlose Natur, als er sagte, dass „Freundschaft keine Häufigkeit braucht" und „auf Häufigkeit oder häufigen Umgang verzichten kann". Diese Sicht zeigte sich in seinem eigenen Leben, denn er pflegte enge Freundschaften, obwohl er diejenigen, die er als seine wahren Freunde betrachtete, nur „drei- oder viermal im Jahr" sah. Was die Grenzen der Freundschaft angeht, verstand Borges, dass ein wahrer Freund nicht alle Lösungen für die Probleme des anderen mit sich tragen muss – es reicht, präsent zu sein und zuzuhören. Wie er selbst sagte: „Ich kann dir keine Lösungen für alle Probleme des Lebens geben, noch habe ich Antworten auf deine Zweifel oder Ängste, aber ich kann dir zuhören und sie mit dir teilen." Diese Perspektive spiegelt eine tiefe Weisheit über die wahre Natur der Freundschaft wider: eine Bindung, die keine ständige physische Präsenz erfordert, noch die Verantwortung, die Probleme des anderen zu lösen – sondern vielmehr Gesellschaft und Verständnis zu bieten.

Wenn dich jemand um etwas bittet, das du nicht tun kannst oder willst, praktiziere die Kunst, NEIN zu sagen. Du kannst freundlich, aber bestimmt sein und deine Gründe kurz erklären, ohne Schuldgefühle mit dir herumzutragen. Denk daran: Für dich selbst zu sorgen ist kein Egoismus – es ist sicherzustellen, dass du für andere da sein kannst, wenn sie dich wirklich brauchen.

NEIN zu dem zu sagen, was du nicht willst, erlaubt dir, JA zu der Wahrheit zu sagen, die dich wirklich erfüllt.

Menschen, die dich wirklich schätzen, werden deine Grenzen verstehen und respektieren. Und diejenigen, die nur deinen guten Willen ausnutzen wollen oder dich als Vehikel für ihre eigenen Leidenschaften benutzen – nun ja, vielleicht ist es Zeit zu überdenken, welche Rolle sie in deinem Leben spielen.

Vergiss nicht: Deine Zeit und Energie gehören dir, um sie zu verwalten. Indem du selektiv verfügbar bist, übernimmst du die Kontrolle und priorisierst dein Wohlbefinden. Und das ist ein wahrhaftiger Akt der Aufrichtigkeit und Authentizität sich selbst gegenüber.

Loslassen, gehen lassen und fließen

Der Mensch hat vier Grundbedürfnisse, und jedes kann sowohl auf gesunde als auch auf völlig desaströse Weise befriedigt werden. Diese sind: Sicherheit, Abwechslung, Bedeutsamkeit und Liebe oder Verbundenheit.

Sicherheit entspricht dem Streben, uns geborgen und stabil zu fühlen. Im positiven Sinne bedeutet das, gesunde Routinen beizubehalten und Entscheidungen zu treffen, die uns dem näherbringen, was wir wollen. Aber die falsche Sicherheit besteht darin, nichts für nichts zu tun. Es ist, eine Couch-Kartoffel zu sein, sich an die sichere Mittelmäßigkeit zu klammern aus Angst vor dem Neuen.

In diesem Sinne ist Abwechslung etwas Widersprüchliches: Wir wollen den Funken des Lebens und dass es uns überrascht, aber wenn diese Überraschung außer Kontrolle gerät, dann weinen wir nach der Ruhe des Gewissen zurück.

Was die Bedeutsamkeit angeht, wird auch diese oft verzerrt. Das passiert, wenn das Wissen, wer wir sind, von anderen definiert wird. Beantworte diese Frage jetzt: Wer bist du? Wenn du in Begriffen deiner Karriere antwortest, deiner Titel, deiner Eltern, dessen, was du besitzt, wen du kennst – dann bist du in die Falle getappt: Deine Bedeutung kommt von außen. Wenn du in

Begriffen dessen antwortest, was du suchst, wie du dich definierst, was dir gefällt, wie du es machst – dann appellierst du an Authentizität. Wir sind das, was wir die meiste Zeit tun, nicht ein Etikett oder ein Sternchen, das uns andere verleihen.

Und schließlich, was Liebe und Verbundenheit betrifft: Diese können nur angemessen entstehen, wenn wir authentische Interaktionen pflegen und eine ungefilterte Kommunikation, die die Bindungen zu Familie, Freunden und geliebten Menschen wirklich stärkt – ohne Masken oder falsche Haltungen. Unsere Gedanken und Gefühle offen zu teilen, schafft tiefe Beziehungen. Aber wenn du mit jemandem in einer Beziehung bist, nur weil diese Person sehr attraktiv ist oder weil der Sex der Hammer ist, oder wenn deine Freunde nur da sind, weil ihr „Wochenend-Hobby" darin besteht zu sehen, wie viele Biere sie noch runterkippen können – das ist nicht der richtige Weg…

Wir alle priorisieren bestimmte Bedürfnisse über andere in verschiedenen Lebensphasen. Manche brauchen mehr Liebe und Verbundenheit und suchen die Anerkennung aller, bemühen sich, in jedem sozialen Kreis akzeptiert zu werden. Andere sehnen sich danach, sich wichtig zu fühlen, wollen in ihrer Arbeit herausragen, materielle Dinge anhäufen oder mit ihrem Wissen angeben.

Hier kommt eine andere Idee ins Spiel: Statt mehr von diesen Bedürfnissen zu suchen, muss man bereit sein, sie loszulassen und gehen zu lassen... und zu fließen! Klingt einfach, aber es ist eine der härtesten Lektionen des Lebens: Zu verstehen, dass alles, ABSOLUT ALLES in unserem Durchgang durch die Welt, nur geliehen ist.

Diese Haltung passt sehr gut zu den vier Grundbedürfnissen: Du hast die Gewissheit, dass alles vergänglich ist. Nichts kann dich überraschen, wenn du diese Wahrheit akzeptierst.

Sogar deine Zeit ist geliehen – deine Zeit ist die Währung des Lebens. Aber im Gegensatz zu jeder anderen Währung kannst du sie nicht vermehren, nur investieren. Wie wirst du diese geliehene Zeit nutzen? Sie vergeuden?

Man muss jeden loslassen, niemanden zwingen. Nicht versuchen zu kontrollieren, wie jemand denken oder handeln sollte. Auch wenn es Fälle gibt, in denen wir uns wünschen würden, dass andere von uns lernen, damit sie ihre eigene Zeit nicht verschwenden – wie wenn wir anderen etwas beibringen wollen, oder wie wenn Eltern ihre Kinder nicht leiden sehen wollen –, muss man jeden auf seine Weise lernen lassen. Du kannst das Pferd zum Wasser führen, aber du kannst es nicht zum Trinken zwingen.

Das ist Fließen in seiner höchsten Form. Die Illusion der Kontrolle loszulassen macht Angst – es bedeutet darauf zu vertrauen, dass andere ihren Weg finden, Fehler machen und von selbst daraus lernen werden. Vielleicht brauchen sie länger und sehen die

Dinge nicht so schnell wie man selbst, aber jeder geht in seinem eigenen Tempo und Rhythmus. Das bedeutet, darauf zu verzichten, der Retter aller zu sein, aber es schafft Raum für echtes Wachstum und dafür, dass wirklich die anderen die Zügel ihres Lebens in die Hand nehmen und ihre eigenen Motivationen zur Veränderung finden.

Gibt es Bereiche, in denen wir Dinge kontrollieren, die uns nicht zustehen? Klammern wir uns zu sehr an etwas aus Angst, es zu verlieren, oder aus dem Bedürfnis, dass es uns nicht verlässt? Oder sind es andere, die sich in das einmischen, was unser Raum sein sollte? Man muss ehrlich sein und loslassen. Jeden seinen eigenen Weg gehen lassen. Wenn du helfen willst, zeig die Richtung – aber ob andere ihr folgen oder nicht, ist deren Sache.

Die Haut wechseln und der Mythos der statischen Identität

Es ist uns allen passiert: Wir gehen die Straße entlang und stoßen aus dem Nichts auf jemanden aus der Vergangenheit, den wir lange nicht gesehen haben, und plötzlich fühlen wir uns wie in einer Zeitkapsel gefangen.

Ob bei einem Klassentreffen aus der Schule oder der Uni oder bei einer unerwarteten Begegnung mit einem ehemaligen Kollegen – auf einmal scheint man von dir zu erwarten, dass du veraltete Versionen von dir selbst hervorkramst. Es ist, als wollten sie dir einen Anzug anziehen, der dir nicht mehr passt, ein Anzug, der kneift und dich jetzt unwohl fühlen lässt. Wir sind nicht mehr die Menschen aus der Vergangenheit, die im Gedächtnis anderer eingebrannt sind, und ehrlich gesagt schulden wir niemandem eine Erklärung dafür, dass wir uns seitdem verändert haben.

„Die alte Haut abstreifen" wie die Schlangen – das ist Teil des persönlichen Wachstums. Metaphorisch gesprochen sollten wir lernen, uns von abgelaufenen Identitäten zu befreien, um das zu umarmen, was wir wirklich sind oder sein wollen. Aber nein, die Gesellschaft besteht auf dem Mythos der statischen Identität, diesem absurden Glauben, dass das, was wir waren, für immer definiert, was wir sind und sein werden. Und das ist unangenehm, besonders wenn du auf Menschen triffst, die erwarten, dass du dich so verhältst, wie du seit Jahren nicht mehr bist.

Unser Körper ist eine ständige Erinnerung an Veränderung: Die Zellen erneuern sich und zeigen, dass Transformation Teil unserer Natur ist. Dasselbe gilt für unseren Geist, unsere Überzeugungen und Werte. Das schüchterne, zurückgezogene Kind aus der Schule, das nicht viel sprach, kann heute ein charismatischer Redner sein, oder jener sorglose Draufgänger und Schürzenjäger kann jetzt ein engagierter Vater und Vorbild sein. Sich zu verändern ist nicht nur natürlich, sondern etwas, das als Symbol der Selbstentdeckung und des Wachstums gefeiert werden sollte.

Wenn die Vergangenheit unerwartet in Form alter Zeiten und alter Bekannter an die Tür klopft, ist ihr Bild von uns höchstwahrscheinlich in dem verankert, was bereits hinter uns liegt. Sie können Reaktionen und Verhaltensweisen erwarten, die nichts mehr mit dem zu tun haben, wer wir jetzt sind. Und ehrlich gesagt gibt es keinen Grund, in diese alten Formen zu passen. Genauso wie du keine Kleidung trägst, die dir nicht mehr passt, solltest du auch nicht so tun, als wärst du jemand, der du nicht mehr bist. Sich von diesen unbequemen Häuten zu befreien, ermöglicht es, authentischer durchs Leben zu gehen.

Natürlich gilt das in beide Richtungen. Auch die anderen haben sich verändert, und wir sollten unsere Interaktionen mit offenem Geist angehen, basierend auf dem, was sie jetzt sind, und – wie wir bereits sagten – mit ihren neuen Identitäten fließen.

Wenn der Druck auftaucht, so zu handeln wie der, der du früher warst, ist Selbstbehauptung essenziell. Erkenne dein eigenes Wachstum an und sprich ohne Umschweife darüber, wer du jetzt bist, und widerstehe der Versuchung, andere mit einer veralteten Version von dir selbst zufriedenzustellen. Erinnere dich an das mit dem Grenzen setzen, denn vielleicht ist es Zeit, sie zu aktualisieren: Wenn die Erwartungen von jemandem an dich unbegründet sind oder bereits abgelaufen, ist es besser, das direkt und bestimmt zu sagen. Die Gespräche auf aktuelle Interessen und Ziele zu lenken, erspart Kopfschmerzen.

Jeder Tag bietet die Gelegenheit, sich neu zu definieren. Es gibt keine Schuld gegenüber der Vergangenheit deines alten Jobs, der Uni oder deiner Schule – nicht einmal gegenüber dem, was du vor einem Jahr warst. Die Haut zu wechseln und die Idee einer unveränderlichen Identität herauszufordern, ist der Weg, die Macht über sich selbst zurückzugewinnen, zu entscheiden, wer du in jedem Moment bist.

Ich schlage dir eine einfache, aber praktische Übung vor: Reflektiere über die letzten Jahre und bemerke mindestens drei Arten, wie du dich zu deinem eigenen Wohl und deiner Ruhe verändert hast. Neue Dinge, die dir jetzt an dir gefallen. Vielleicht trinkst du nicht mehr so viel wie früher – weil du es so entschieden hast oder weil du gemerkt hast, dass es dir nicht bekommt –, vielleicht machst du keine Nächte mehr durch oder gehst feiern – weil dein Körper nicht mehr mitmacht oder du so viel Arbeit hast, dass du nur noch nach Hause willst, um dich auszuruhen –, vielleicht flirtest du nicht mehr mit jedem – weil du in einer vielversprechenden Beziehung bist. Die Idee ist, dass du das nächste Mal, wenn du unerwartet auf jemanden triffst, den du lange nicht gesehen hast, sofort diese Veränderungen hervorhebst. Male sie rot an – wie ich in einem anderen Buch mit einer Thematik erwähne, Die Idee ist, dass du das nächste Mal, wenn du unerwartet auf jemanden triffst, den du lange nicht gesehen hast, sofort diese Veränderungen hervorhebst. Mach sie deutlich sichtbar. Diese Veränderungen zu teilen, bekräftigt deine Entwicklung und hilft dem anderen außerdem, sich auf die Person zu konzentrieren, die du heute bist.

Die wichtigste Beziehung, die es gibt, wird immer die sein, die du mit dir selbst hast. Auch diese Beziehung verändert sich. Es ist unerlässlich, dein eigenes Wachstum zu ehren, deine aktuelle Identität zu bekräftigen und die Dringlichkeit hinter dir zu lassen, in veraltete Erwartungen zu passen. Authentische Freundschaften werden die Person schätzen, die du jetzt bist, und die Version verstehen, die du hinter dir gelassen hast. Die wahre Freiheit liegt darin, jede alte Haut abzustreifen und die sich wandelnde, sich entwickelnde Person zu sein, die du bestimmt bist zu werden. Und denen, die dein neues ICH nicht so mögen – Pech gehabt!

Die Kunst, nichts persönlich zu nehmen

Kontrolliere, was du wirklich kontrollieren kannst, und hör auf, ein gefallsüchtiges Vögelchen zu sein – fang damit an, dir nicht mehr alles zu Herzen zu nehmen. Dieser Ansatz, der stoische Philosophie mit moderner Psychologie verbindet, kann revolutionieren, wie du deine Beziehungen handhabst, mit Kritik umgehst und dein emotionales Gleichgewicht bewahrst. Die Idee ist einfach: Was andere sagen oder tun, sagt mehr über ihre innere Welt aus als über deine. Es geht darum, dich mental von äußeren Einflüssen abzukoppeln, ohne dass deine emotionale Integrität zusammenbricht. Es geht nicht darum, gefühllos zu werden, sondern standhaft zu bleiben, wenn das Verhalten anderer – besonders ihre Meinungen – versucht, dich zu destabilisieren.

Schau auf die Stoiker wie Marc Aurel und Epiktet, die uns unter ihren Lehren hinterließen, dass wir nur Macht über das haben, was wir wirklich kontrollieren können. Aus dieser Perspektive ist die Art, wie du reagierst, deine Entscheidung und die von niemandem sonst. Epiktet fasste es perfekt zusammen: „Es sind nicht die Dinge, die uns beunruhigen, sondern unsere Meinung über die Dinge." Hier liegt der Trick: Du kannst nicht kontrollieren, was andere tun oder meinen, aber du kannst entscheiden, wie du dich dabei fühlst.

Die Tendenz, sich alles zu Herzen zu nehmen, ist oft in persönlichen Unsicherheiten und vergangenen

Erfahrungen verwurzelt. Wenn du erkennen kannst, was dich aus dem Gleichgewicht bringt, umso besser. Vielleicht weißt du, dass ein schlechter Kommentar über deine Arbeit dir das Gefühl geben kann, minderwertig zu sein, oder dass ein bestimmter Tonfall dich reizt. Diese Auslöser zu identifizieren ist der erste Schritt, damit sie nicht dein Leben beherrschen. Das Gute ist: Du musst sie nicht im Voraus erkennen – wenn sie auftreten, geben sie dir die Gelegenheit, von ihnen zu lernen. Das heißt, deine emotionale Intelligenz voll einzusetzen und, statt auszurasten, innezuhalten und zu denken: „Wow! Das scheint die Macht zu haben, mich aus der Fassung zu bringen. Interessant. Warum wohl?" Diese Millisekunden des Erkennens von etwas, das dich zum Einsturz bringen könnte, können den Unterschied machen, wie du die Welt siehst und wie viel Macht du den Umständen gibst.

Wenn jemand so handelt, dass es dich aufregt, erinnere dich daran, dass seine Handlungen mehr mit seinem Leben zu tun haben als mit deinem. Vielleicht hat er einen schlechten Tag oder kämpft mit Problemen, die du nicht sehen kannst. Achtsamkeit ist ein Werkzeug, um dich nicht von der Emotion mitreißen zu lassen. Der alte Trick, bis zehn zu zählen und dreimal tief durchzuatmen, funktioniert immer noch. Beobachte, was du fühlst, ohne dich zu beeilen zu urteilen, schenk dir diese Sekunden der Betrachtung. Nimm nichts an, entscheide und handle nicht unter dem Gift der Emotion, die durch irgendeine Meinung ausgelöst wurde – das wird dir helfen, jeden Akt zu handhaben, der sich in einen nichtigen Krieg verwandeln könnte.

Aber verwechsle das nicht: Dir Dinge nicht zu Herzen zu nehmen bedeutet nicht, dass du alles schlucken musst, was man dir sagt. Zum Beispiel kannst du bei einer Kritik um Klarstellung bitten, statt anzunehmen, zu übertreiben oder die Dinge auf die Spitze zu treiben, um Missverständnisse zu vermeiden. Zu fragen: „Was meinst du damit?", „Wie könnte ich das an meiner Arbeit verbessern, das dir nicht gefällt?" verwandelt einen defensiven Moment in eine Lernmöglichkeit. Du kannst sogar herausfinden, ob die Kritik wirklich berechtigt ist oder – wieder einmal – nur eine persönliche Projektion dessen, der sie äußert.

Ich sage gern: „Die Leute lieben es, andere zu nerven, nur um zu nerven" – und niemand lässt sich gern nerven. Also lass sie ruhig glauben, dass sie dich nerven, aber lass dich innerlich nicht aus der Ruhe bringen. Es ist auch essenziell, deine Grenzen zu verteidigen oder zu verdeutlichen, wenn sie dem anderen nicht klar sind. Wenn jemand die Linie überschreitet, bleib standhaft und bemühe dich, die Fassung nicht zu verlieren. Eine Antwort für solche Fälle ist, die Hand als STOPP-Zeichen zu heben und mit null Emotion, wie ein im Ozean verankerter Fels, zu sagen: „Ich habe dich gehört, und jetzt möchte ich nicht darüber sprechen."

Das Selbstbewusstsein stärkt die Fähigkeit, das abprallen zu lassen, was abprallen sollte. Sich einen Moment zu nehmen, um unsere Reaktionen zu überprüfen und Muster zu bemerken, bevor wir irgendeinen Muskel bewegen – einschließlich des

Mundes –, hilft. Sogar ein Tagebuch zu führen kann nützlich sein, um Auslöser zu identifizieren und neue Arten zu erkunden, zu reagieren: „Liebes Tagebuch: Heute haben mich dies und das auf die Palme gebracht..." – das ist das Anerkennen der Emotion. Dann analysiere, was du in einer ähnlichen zukünftigen Situation anders machen könntest oder was du aus dieser Situation mitnehmen kannst, indem du etwas schreibst wie: „Ich glaube, daraus kann ich lernen, dass..." und antworte. Schreiben ist eine Form, Gefühle zu vergegenständlichen – es erlaubt uns, sie von außen zu sehen und ihnen Form zu geben, objektiv zu sein und mental und emotional aufzuräumen.

Eine andere Technik, besonders nützlich bei Kritik und Meinungen – die manchmal dumm sind und jeder Substanz entbehren –, ist, dir zu denken und mental zu wiederholen, während sie mit dir reden: „Jeder hat das Recht auf seine Meinung. Ich weiß, wozu ich fähig bin, und ich entscheide, dass keine Meinung mich in dieser Hinsicht beeinflusst." Alle Welt liebt es, ihre Meinung kundzutun! Die Leute glauben, dass es jemandem wichtig sein wird oder dass sie die Welt verändern, wenn sie offen alles sagen, was sie denken. Wenn eine Meinung dumm ist, lass den Wind sie auflösen – du bleibst gelassen.

Der Punkt ist: Man ist nicht die Meinungen anderer. Die Kunst zu beherrschen, Dinge nicht persönlich zu nehmen, kann nur positiv sein. Man reagiert weniger, verbindet sich mehr, vermeidet nutzlose Kämpfe und konzentriert sich auf das Wesentliche, was letztendlich das ist, was wir suchen: mehr Selbstbehauptung und inneren Frieden. Es geht nicht darum, gleichgültig zu sein, sondern die Ruhe inmitten des Chaos zu umarmen. Don Miguel Ruiz sagte es meisterhaft: „Nichts von dem, was andere tun, ist deine Schuld. Es ist wegen ihnen selbst."

Die Angst vor Ablehnung

Wir alle wollen gemocht werden – zwischen dem coolen Typen und dem hässlichen Entlein ist die Wahl offensichtlich. Das Problem entsteht, wenn dieses Streben nach Anerkennung zur unerschütterlichen Obsession wird. Wenn du die Zustimmung anderer um jeden Preis brauchst, fängst du an, dich gezwungen zu verhalten, verlierst deine Authentizität und, was am schlimmsten ist, deine persönliche Zufriedenheit.

Dieses unkontrollierte Verlangen erzeugt akribische Gewohnheiten, um zu gefallen und Ablehnung zu vermeiden: zu viel nachdenken, vor dem Sprechen zögern, jede Antwort millimetergenau abwägen, bis zur Erschöpfung nicken, ohne Freude lachen, zustimmen ohne überzeugt zu sein, Blickkontakt meiden, Schuldgefühle mit sich tragen, alles bereuen, und vieles mehr. Wir zensieren uns selbst, um nicht aufzufallen, und tun so, als wären wir immer hilfsbereit. Verhaltensweisen, die harmlos erscheinen, aber still unsere Energie aussaugen und uns des Authentischen berauben.

Kinder nehmen die Frustration, den Ärger und die Enttäuschung ihrer Eltern wahr und lernen, ihnen zu gefallen, indem sie sich anpassen, um diese negativen Gefühle bei ihnen zu vermeiden. Klar, Kinder rebellieren, aber mit der Zeit verinnerlichen sie den Wunsch, jeden Konflikt zu vermeiden. Genauso zerstören Ermahnungen wie „Sprich nicht, wenn du nicht gefragt wirst" und „Hör auf, so viel zu fragen" die Selbstbehauptung und drängen zur inneren Unterdrückung. Gehorsam ohne Hinterfragen wird zum höchsten Wert. Ausdrücke wie „Tu, was ich sage, und stell keine Fragen" werden normal, besonders wenn die Eltern am Limit sind.

Die Ironie entsteht, wenn von uns als Erwachsene – nachdem wir mit diesen Codes aufgewachsen sind – erwartet wird, selbstbewusste, sichere und ausdrucksstarke Menschen zu sein. Nach Jahren des Suchens nach Anerkennung und des Vermeidens von Konflikten kämpfen viele damit, so zu bleiben.

So verwandelt sich die „erzwungene Nettigkeit" in ein Regelwerk, das auf Angst basiert: Angst, abgelehnt zu werden. Diese Kinder wachsen mit der Angst auf, Fehler zu machen, als „ungezogen" abgestempelt zu werden. Als Erwachsene tragen sie den unbewussten Ballast, ihre Eltern nicht zu enttäuschen – selbst wenn diese nicht mehr da sind –, entwickeln einen Groll, der sie dazu bringt, sich gegenüber allen anderen minderwertig zu fühlen, weil sie gelernt haben, zu allen aufzuschauen, und entwickeln die Gewohnheit, sich für alles zu entschuldigen, wie wir bereits zuvor gesehen haben.

Die Sache ist: Wir sind erwachsen geworden, unsere ganze Welt besteht nicht mehr nur aus Papa, Mama und unseren Geschwistern. Das Umfeld hat sich verändert, es gibt keinen Grund, dich nicht anzupassen. Dein Chef ist nicht dein Vater, dein Partner ist nicht deine

Mutter, deine Freunde sind nicht deine Kinder, dein Arbeitsplatz ist nicht dein Zuhause. Dein Algorithmus ist veraltet.

Ich nenne diesen Algorithmus gern den „Falschen BuDA" (Falscher Blinder Drang nach Anerkennung). Dank dieses Codes, der sich als „Friede und Liebe für alles, mit allem und durch alles" verkleidet, gibt es eine unbewusste Subroutine, die uns dazu treibt, nach externer Akzeptanz zu leben, Konflikte zu vermeiden und unsere Prinzipien zugunsten einer falschen Harmonie zu kompromittieren. Dieser BuDA sorgt dafür, dass alles in makelloser Ordnung für andere ist, aber beschissen für uns selbst. Alles, damit die Meinung anderer günstig ausfällt.

Wenn dieser Sucher die Zügel übernimmt, will er um jeden Preis zwei Ziele erreichen:

1. Urteile, Kritik und Missbilligung vermeiden.

2. Ständige positive Anerkennung erhalten.

Außerdem hat das erste Ziel immer mehr Gewicht als das zweite. Für den BuDA gilt: Wenn sie nicht gut über ihn reden, dann sollen sie wenigstens nicht reden oder ihn missbilligen. In neuen sozialen Umgebungen liegt sein Fokus darauf, das Negative zu vermeiden: nur sprechen, wenn man gefragt wird, gezwungen lächeln, nicken und freundlich bleiben. Wenn eine Anekdote das Potenzial hat, unangenehm oder beleidigend für uns zu sein, zieht unser Anerkennungssucher es vor, den Kopf zu senken, sich dem Spott zu unterwerfen und mit allen zu lächeln.

Da dieser BuDA-Algorithmus bei Missbilligung unflexibel ist, stellt er dir Regeln auf, die am Ende ziemlich extrem sind: Niemand darf etwas Negatives über dein Aussehen, deine Stimme, deine Entscheidungen, deine Kommentare usw. denken. Niemand darf sich in deiner Gegenwart unwohl fühlen. Niemand darf sichtbare Missbilligung von dir zeigen.

Daher die Erschöpfung durch den Versuch, den perfekten Eindruck zu machen, und der Zweifel, ob wir es gut gemacht haben oder nicht, nachdem wir jemanden kennengelernt oder bei einem gesellschaftlichen Anlass waren. Das Problem ist, dass diese Regeln erschöpfend sind und nur die Angst nähren – deshalb sind sie lächerlich. Wenn wir dem BuDA zu viel Raum geben, werden wir unsicher und verlieren Authentizität. Diese Suche nach Anerkennung intensiviert sich sogar, wenn wir von Menschen umgeben sind, die wir für attraktiver, erfolgreicher oder einflussreicher halten – wir geben ihren Meinungen mehr Gewicht als unseren eigenen. Der Anerkennungssucher ist auch der Schöpfer dieses Spotlight-Effekts, den wir zuvor erwähnt haben, und daher der Assistent jener Hexe namens Schuld, der den Gedanken aktiviert: „Bin ich etwa nicht genug?"

Aber was wäre, wenn wir statt gegen diesen BuDA zu kämpfen, ihn als Teil von uns akzeptieren und lernen, über ihn zu lachen? Stell dir vor, dieser Algorithmus ist eine Drama-Queen: ein dramatischer Freund, der immer alles übertreibt. Statt zu versuchen, ihn zum Schweigen zu bringen, könnten wir ihm einen lustigen Namen geben, wie „Peter der Panische" oder „Susi die Überanalytische".

Jedes Mal, wenn du spürst, dass diese Angst vor Ablehnung sich aktiviert, visualisiere deinen personifizierten BuDA, der in deinem Kopf einen Wutanfall bekommt. „Oh nein, sie werden denken, dass ich ein Idiot bin!" Da sagst du: „Ruhig, Peter, atme. Du bist ein paranoischer Spinner, entspann dich ein bisschen."

Eine andere unkonventionelle Strategie, um mit der Angst vor Ablehnung umzugehen, ist die „Methode des absichtlichen Tollpatschs". Das nächste Mal, wenn du in einer sozialen Situation bist, die dich nervös macht, nimm dir vor, absichtlich einen kleinen sozialen Fehler zu machen. Verschütte ein bisschen Wasser auf dich, erzähle absichtlich einen schlechten Witz, oder benutze ein falsches Wort. Beobachte, wie die Welt nicht untergeht, wie du die Aufmerksamkeit übertreibst, die du zu bekommen glaubst, und wie das tatsächlich sogar dazu führen kann, dass andere sich wohler in deiner Nähe fühlen.

Aber die Strategie, die mir am besten gefällt, ist die „Na und?"-Philosophie: Jedes Mal, wenn dein innerer BuDA anfängt, sich Sorgen zu machen, was andere denken könnten, frag dich einfach: „Na und?" Sie mögen mich nicht? Na und? Sie denken, ich bin seltsam? Na und? Sie haben mich nicht eingeladen? Na und? Wiederhole es, bis du merkst, wie unbedeutend das in Wirklichkeit ist.

Die Angst vor Ablehnung ist wie ein Muskel, den du dein ganzes Leben lang trainiert hast. Es ist Zeit, den gegenteiligen Muskel zu trainieren: Es geht nicht darum, die Angst vollständig zu eliminieren, sondern zu lernen, mit ihr zu tanzen, über sie zu lachen und dabei zu entdecken, dass du viel stärker und widerstandsfähiger bist, als du glaubst.

Also, das nächste Mal, wenn dein innerer BuDA anfängt, Lärm zu machen, setz ihm eine Clownsnase auf, klopf ihm auf den Rücken und sag: „Danke für deine Sorge, aber das übernehme ich."

Na und!

Trag nicht die Probleme anderer mit dir herum

Wenn du wirklich aufhören willst, so ein guter Mensch zu sein, musst du zuerst verstehen, wo deine Verantwortlichkeiten enden und die der anderen anfangen. Dieser Impuls, die Nase reinzustecken und den Ballast anderer zu schultern, ist fast ein menschlicher Instinkt: Eltern, die sich für die absolute Lösung ihrer Kinder halten, Partner, die versuchen, den anderen bis zur Erschöpfung zufriedenzustellen, und Freunde, die in ihrem Eifer zu helfen, in Dramen verwickelt werden, die sie nichts angehen. Aber wo ist die Grenze?

Am Ende des Tages muss jeder mit seinem eigenen Kram klarkommen. Eltern können ihre Kinder unterstützen und für sie da sein, aber nur sie selbst werden beim Erwachsenwerden die Verantwortung für ihre Taten übernehmen, um Hilfe bitten und auf eigene Faust lernen müssen. Die Kontrolle über den Weg eines anderen zu übernehmen, egal wie gut die Absichten sein mögen, nimmt dem anderen die Chance zu wachsen. Es ist, als würdest du jemandem ein Fahrrad schenken, um es dann selbst zu fahren – nett gemeint, aber es hindert ihn daran, selbst das Gleichgewicht zu finden und in die Pedale zu treten.

Das gilt nicht nur für Familien, sondern für alle Beziehungen. Sich um die Angelegenheiten anderer zu kümmern, löscht deine eigene Identität aus. Du verlierst am Ende die Orientierung, überwältigt von den Lasten anderer. Es ist, als würdest du versuchen, einen Berg schmutziger Teller zu balancieren, während andere immer mehr auf den Stapel laden. Zu lernen, das Deine vom Fremden zu trennen, befreit dich von einem Gewicht, das du nicht tragen solltest.

Es geht nicht darum, kalt zu sein. Tatsächlich ist es eine Art, besser zu lieben: unterstützen und vertrauen, aber der andere muss die Lösung finden. Anderen zu vertrauen bedeutet anzuerkennen, dass sie für ihre eigenen Handlungen verantwortlich sind. Übernimmst du Verantwortlichkeiten, die dir nicht zustehen? Welchen Teil des Stresses könntest du vermeiden, wenn du akzeptieren würdest, dass du die Entscheidungen anderer nicht steuern kannst?

Aufzuhören, dich in die Angelegenheiten anderer einzumischen, bedeutet nicht, dass du aufhörst, dich zu sorgen. Es bedeutet, dass du eine Liebe zeigst, die stärkt und nicht erstickt. Du bietest Unterstützung ohne die Ketten der Kontrolle – eine Liebe ohne Bedingungen. Dieser Ansatz ermöglicht es dir und denen um dich herum, die Höhen und Tiefen des Lebens autonomer zu erleben.

Was könntest du heute loslassen? Welche Beziehungen könnten sich verbessern, wenn du mehr vertrauen und aufhören würdest, alles kontrollieren zu wollen? Zu lernen, deinen Weg von dem der anderen zu trennen, ist eine lebenslange Aufgabe, aber jeder Schritt in diese Richtung ist ein Schritt zu einem erfüllteren und authentischeren Leben.

Lass sie los! Soll jeder seine eigenen Schritte machen und fallen, wenn er fallen muss.

Aufrichtige Beziehungen

Hast du schon mal gehört, dass wir der Durchschnitt der Menschen sind, mit denen wir uns umgeben? Einer der am meisten unterschätzten Ratschläge, um sich zu verändern und Exzellenz zu erreichen, besteht darin, ernsthaft zu überprüfen, wer die Menschen sind, mit denen wir ständig zusammen sind. Nimm die Sache ernst und schau dir genau an, wie sich deine Beziehungen verflechten: Bringen sie wirklich etwas, oder dienen sie nur dazu, deine Leere zu füllen? Wenn du das mit brutaler Ehrlichkeit machst, wird dir diese Übung unweigerlich eine Offenbarung bringen: Es ist nicht alles Gold, was glänzt – vielleicht hast du Zeit verschwendet... aber genug davon, es ist Zeit für eine Veränderung.

Analysiere deine Beziehungen und sei ehrlich darüber, was du wirklich von ihnen erwartest. Ich meine alle Arten von Bindungen: Freundschaften, Partner, Chefs, Mitarbeiter, vielleicht sogar deine Familie. Treibt dich das Lob und die Suche nach Anerkennung an? Treibt dich die Angst, sie zu enttäuschen? Oder ist es die Angst vor der Einsamkeit, die dich dazu bringt zu bleiben und mit denselben weiterzumachen, obwohl es dir in nichts nützt?

Wenn du nach Lob und Anerkennung suchst, erinnere dich an den BuDA, den wir vorher erwähnt haben. Bei deinen Freunden frag dich: Sind sie Weggefährten fürs Leben oder nur Statisten zum Zeitvertreib? Wenn die Treffen nur aus Alkohol,

Kontrollverlust oder dem Erzählen derselben alten Geschichten bestehen, ist es vielleicht Zeit, dich mit anderen Menschen zu umgeben, die dich in anderen Bereichen zum Wachsen bringen. Leute zum Zeitvertreib gibt es genug – die wirklich Wertvollen sind die, deren Worte über die Zeit hinausreichen, die wir mit ihnen teilen. Menschen, von denen man wirklich lernt. Menschen, die Dinge sagen, die, wenn man aufmerksam zuhört... im Kopf Klick machen. Diese Menschen sind wirklich wertvoll: Menschen zum Lernen – ist diese Voraussetzung erfüllt, kann die Party danach kommen.

Im Bereich deines Partners stell dieselbe Reflexion an. Ist es jemand, mit dem man wachsen und sich langfristig unterstützen kann? Wenn die Schönheit verschwindet, würden beide noch zusammen bleiben? Gibt es dieses gegenseitige Engagement zur Weiterentwicklung? Eine Beziehung sollte nähren, nicht dich dazu bringen, dich mit dem zufriedenzugeben, was da ist. In diesem Sinne: Wenn dein Partner dir nicht beim Fliegen hilft, mach ihm die Startbahn frei und schick ihn fliegen.

Und wenn wir über Chefs und Vorgesetzte sprechen, frag dich: Sehen sie dich als Bauern in ihren eigenen Plänen oder als jemanden, der für das Wachstum aller in der Organisation entscheidend ist? Ein echter Anführer schätzt sein Team und fördert ein Umfeld, in dem alle gedeihen. Klar, kein Chef ist perfekt, und er muss ab und zu hart sein, aber wenn du spürst, dass etwas nicht stimmt, dann wird es seinen Grund haben – vielleicht ist es Zeit, das Spiel zu wechseln.

Man muss ehrlich sein: Gehorchen deine Beziehungen irgendeinem Machtspiel oder einer Gesellschaft gegenseitiger Lobhudelei? Wie wären deine Bindungen ohne Machtstufen? Kannst du dir einen Raum vorstellen, in dem der Wert unabhängig davon ist, was jemand tut oder nicht tut?

Aufzuhören, in Begriffen von „oben" und „unten" bei den Menschen zu denken, mit denen du dich umgibst, schafft Raum, einfach zu sein – und erlaubt anderen dasselbe. Das ist der Kern wertvoller Beziehungen, geboren aus Selbstrespekt. Die Selbstachtung von der externen Bestätigung zu trennen, gibt deinem Leben ein solideres Fundament.

Also, was bleibt dir, wenn du die Etiketten, die Erwartungen, die Hierarchien wegnimmst? Dir bleibt eine nacktere, authentischere Version der Beziehungen, in der du dich nicht mehr an andere anpasst, sondern anfängst, das Leben in Begleitung derer aufzubauen, die einfach passen. Es ist ein Prozess, der dich dazu bringen kann, Freundschaften und Bindungen loszulassen, die solide schienen, aber dir in Wirklichkeit nicht erlaubten voranzukommen.

Wenn der Wert der Beziehungen in geteilten Erfahrungen und aufrichtigem Respekt gemessen wird, ändert sich alles. Menschen kommen und bleiben, nicht um Leere zu füllen, sondern weil sie etwas beitragen, und du merkst, dass du auch beiträgst. Es ist keine als Kameradschaft verkleidete kommunistische Agenda – es ist, dich vom Filter des Status und der Angst vor Ablehnung zu befreien, um in Beziehungen auf Augenhöhe einzutreten. Und dort, an diesem Punkt, merkst du, dass deine Bindungen zu einer echten Stütze werden, einem Netzwerk von Menschen, die dich erheben und die du auch erhebst.

Also geh und beobachte noch einmal, wer an deiner Seite geht. Nicht jeder muss bleiben, und das ist in Ordnung. Was zählt, was wirklich transformiert, ist die Qualität der Bindungen, die du zu behalten wählst. Dein Umfeld ist ein Spiegelbild deiner Entscheidungen, und dein Leben – mit allem, was du zu bauen wählst – ist das Echo dieser Entscheidungen.

Wenn du der Durchschnitt der Menschen bist, mit denen du dich umgibst, schließe den Kreis und wähle gut aus, wen du hineinlässt.

Gesunder Egoismus

Frag irgendjemanden, ob Egoismus gut ist, und die „NEINs" werden auf dich niederprasseln wie Kugeln.

Einen gesunden Egoismus zu praktizieren ist der einzige Weg, aufzuhören, den erschöpften Helden zu spielen, der alle rettet außer sich selbst.

Die Veränderung beginnt damit, diese Vorstellung infrage zu stellen, dass für sich selbst zu sorgen falsch und daher egoistisch sei. Die wahre Verantwortung liegt darin, zu akzeptieren, was man braucht, es auszudrücken und danach zu streben, es zu erfüllen. Natürlich unter Respektierung der Grenzen anderer – man muss niemanden über den Haufen rennen. Das scheint für viele eine titanische Aufgabe zu sein. Wir bleiben stumm, im Glauben, dass etwas für uns zu wollen und zu fordern schlecht sei. Dieses Schweigen macht uns hilflos, wie Kinder, die darauf warten, dass jemand errät, was wir brauchen. Wenn das nicht passiert, blühen Frustration und Groll auf, und die anderen werden in unseren Augen gefühllos.

Die Lösung liegt darin, die eigene Erfahrung in Besitz zu nehmen. Nur du selbst kannst dich an erste Stelle setzen. Die anderen haben ihre eigenen Leben, ihre eigenen Emotionen. Es ist DEINE Aufgabe, DEINE Bedürfnisse kundzutun und für DEIN Wohlbefinden zu sorgen. Das bedeutet, eingefahrene Gewohnheiten zu durchbrechen und zu verstehen, dass immer andere zu priorisieren nicht tragbar ist. Es endet immer in Groll und untergräbt das Glück.

Frag dich oft und ohne jede Scham: Was brauche ich? Wie kann ich ohne Gewissensbisse für mich sorgen? Tu es. Diese Schuld, dich selbst zu priorisieren, ist ein Ballast, den du loslassen musst. Wenn du die Zügel deines Wohlbefindens in die Hand nimmst, gibst du anderen die Erlaubnis, für sich selbst Verantwortung zu übernehmen. Sie wirken nicht mehr hilflos, sie werden fähig. Das Verständnis über uns und die anderen verändert sich: Wir können uns gelassen sagen: „Ich habe Macht, du auch." Lasst uns das mit dem Kopf nutzen, aber mit dem Kopf von JEDEM EINZELNEN.

Zu gefällig zu sein ist eine Zeitbombe für jede Beziehung. Deine Bedürfnisse hintenanzustellen, zu schweigen oder Angst zu haben, dich so zu zeigen, wie du wirklich bist, untergräbt nach und nach die Vitalität jeder Bindung. Wenn beide in einer Partnerschaft sich so verhalten, stürzt das Vertrauen ab, der Groll häuft sich an und die Anziehung verflüchtigt sich. Ohne Vertrauen ist Groll ein Gift, das jede Beziehung zerstört und emotionale Mauern hochzieht.

Andererseits entfachen Authentizität und Mut die Anziehung. Echte Verbindung und Leidenschaft blühen auf, wenn man sich furchtlos zeigt und sagt, was man denkt, während man gleichzeitig dem anderen erlaubt, darüber zu denken, was er will – jeder soll seine Meinung zu was auch immer in Ruhe haben.

Es ist wichtig, sich daran zu erinnern, dass man jedes Mal, wenn man auf sich selbst verzichtet, eine stille Botschaft sendet: „Meine Bedürfnisse sind nicht wichtig." Diese Botschaft, auch wenn sie nicht laut ausgesprochen wird, durchdringt die Bindung, und mit der Zeit installiert sie eine Art emotionale Distanz. Andererseits wirkt echter Selbstrespekt wie eine Art Puls, der den Rhythmus in Beziehungen vorgibt und eine gesündere Gegenseitigkeit ermöglicht, ohne zu erzwingen oder zu viel zu fordern. In diesem Austausch von ausgedrückten Grenzen und Wünschen bereichert sich die Verbindung – nicht weil man sich aufopfert, sondern weil jeder aus seiner Wahrheit heraus beiträgt.

Es geht nicht darum, Beziehungen aufzubauen, in denen einer immer gewinnt oder einer sich durchsetzt, sondern einen Raum zu schaffen, in dem Authentizität der gemeinsame Boden ist. Diese Art von Bindungen, in denen man sich traut zu sagen „das ist, was ich will" oder „das brauche ich nicht", erlaubt auch dem anderen, sich ohne Angst vor Vergeltung oder Urteilen auszudrücken. Das sind die Beziehungen, die gedeihen, weil es eine geteilte Freiheit gibt zu sein, für sich selbst zu sorgen, ohne den anderen mit Erwartungen zu belasten. In ihnen muss man nicht Gedankenleser spielen, und es gibt keinen Raum für den Groll, der aus dem Ungesagten entsteht.

So hört dieser „gesunde Egoismus" auf, Egoismus zu sein, und wird zu etwas anderem: zu Verantwortung, zu Respekt für die Beziehung und zu einer stillen

Bestätigung, dass beide es verdienen, in Fülle zu leben. Wenn man anfängt, das eigene Wohlbefinden zu übernehmen, folgt ein natürlicher Effekt bei den anderen – ein gegenseitiger Respekt, der wächst, ohne ihn zu erzwingen, fast wie ein unvermeidliches Spiegelbild der geteilten Wahrheit zwischen zwei Menschen, die wählen zu sein, ohne Masken, ohne darauf zu warten, gerettet zu werden.

Authentizität, das Geheimnis erfüllter Sexualität

Auch wenn „höfliche" Intimität nicht schlecht ist, hinterlässt sie nichts im Gedächtnis. Sie kann zärtlich und liebevoll sein, aber entfacht selten diesen magnetischen Funken der Leidenschaft. Es ist wie ein Lied mit nur einer Note – es folgt dem Rhythmus, aber es gibt keine melodischen Wechsel, die Geschichten erzählen.

Das passiert, wenn wir Intimität behandeln, indem wir uns besessen darauf konzentrieren, was wir glauben, dass der andere von uns erwartet. Wir werden zu Schauspielern, die einem starren Drehbuch folgen, ängstlich vor jeder Improvisation. Klar, rücksichtsvoll zu sein, was Sexualität betrifft, ist essenziell, aber genauso wichtig ist es, authentisch zu sein. Nur so genießen wir ohne Vorbehalte. Außerdem wird die Erfahrung für beide am besten, wenn wir uns der Authentizität und den Wünschen des anderen öffnen. Wenn wir aufhören, zu viel nachzudenken, und uns erlauben zu experimentieren und „was auch immer kommt" fließen zu lassen, übertragen wir eine Energie, die die Verbindung wiederbelebt. Die wahre Magie entsteht aus dieser Spontaneität.

Klare und direkte Kommunikation scheint mehr Tabu zu sein als jeder Fetisch, aber sie ist grundlegend, damit Intimität aufblühen kann. Ich erinnere mich nicht, wer sagte, dass Paare viel „Oralsex" haben sollten – in Anspielung darauf, dass sie freimütig miteinander reden sollten – als Vorspiel zum besten Sex der Welt. Ein außergewöhnlicher Rat, ohne Zweifel.

Anders als in jeder idealisierten und stummen Filmszene verbessert sich echte Intimität durch Klarheit. Wenn du Zweifel hast, was dem anderen gefällt, dann frag. Sätze wie „Machen wir das?" oder „Würdest du das gern ausprobieren?" wirken Wunder. Diese Art von Offenheit stärkt das Vertrauen und die Komplizenschaft.

Wenn Reden Teil der Intimität wird, schießt das Vertrauen in die Höhe. Dann gelingt es, den Moment zu leben, fokussiert auf die geteilte Erfahrung statt auf unsere inneren Unsicherheiten. Vom Denken zum einvernehmlichen Fühlen überzugehen ist revolutionär – nicht nur in der Intimität, sondern im ganzen Leben. Die Unsicherheiten loszulassen und sich der Gegenwart hinzugeben, öffnet die Tür zu intensiveren und unvergesslicheren Erfahrungen.

Sagen. Zuhören. Tun. Nehmen. Geben. Fühlen. Es ist entscheidend, Grenzen und Wünsche zu besprechen – es geht nicht darum, aggressiv zu sein, sondern eine gegenseitige und einvernehmliche Führung zu ermöglichen. Viele lieben einen Partner, der Sicherheit und Leidenschaft ausstrahlt. Diese Energie fließen zu lassen ist befreiend – es ist wie zusammen eine Choreografie zu tanzen, bei der jeder Schritt das geteilte Verlangen widerspiegelt.

Intimität erfordert Offenheit. Wenn es einen authentischen Austausch von Bewunderung gibt, wenn man ohne Vorbehalte reden und Vorlieben teilen kann, mit klaren Grenzen und dem Wissen, was beide wollen und wie weit sie gehen können, werden die gemeinsamen Momente unvergesslich. Authentizität in der Intimität als Paar zu kultivieren ist kein Luxus, es ist eine Notwendigkeit.

Wenn du nicht frei mit deinem Partner reden kannst – rote Flagge: das ist nicht der richtige Weg! Die Unfähigkeit, als Paar zu kommunizieren, ist wie Segeln ohne Kompass – sich zu verirren ist leicht, und den Kurs wiederzufinden ist kompliziert. Es gibt kein schlimmeres Unglück, als von jemandem begleitet zu sein, der dein Partner ist, und der trotzdem überhaupt nicht zu dir passt. Erst recht, wenn es um Intimität geht.

Soziale Medien

In einer Welt, in der es normal ist, am Handy zu kleben, ist das Setzen gesunder Grenzen nicht mehr nur eine Frage des Umgangs mit Menschen im echten Leben, sondern umfasst auch das digitale Chaos. Soziale Medien verbinden dich wie nie zuvor, aber sie sind auch eine Bombe aus Angst, Stress und einem absurden Bedürfnis, falsche Leben voller grundloser Perfektion zu zeigen. Es ist lebenswichtig, den digitalen Druck zu erkennen, der versucht, deine Grenzen zu zerstören: die Angst, etwas zu verpassen oder außen vor zu bleiben, die obsessive Suche nach Likes und Bestätigung, und wie leicht es ist, in dumme Vergleiche zu verfallen. Zu verstehen, dass dieser Druck existiert, ist der erste Schritt, um die Kontrolle über deine Online-Interaktionen zurückzugewinnen.

Um deine Präsenz zu behaupten und ein anständiges Gleichgewicht im digitalen Raum zu halten, gibt es verschiedene Taktiken, die wirklich funktionieren. Fang damit an, auszumisten, was du konsumierst, und sei wählerisch bei den Accounts, denen du folgst. Es geht nicht darum, Follower anzuhäufen, sondern mit Inhalten und Menschen zu interagieren, die dir tatsächlich etwas bringen, statt dich auf die Palme zu bringen. Stummschalten oder entfolge Profile, die dir Druck machen oder dir das Gefühl geben, nicht gut genug zu sein, und priorisiere Verbindungen, die mit deinen Werten übereinstimmen. Außerdem: Passe deine Benachrichtigungen an, damit sie dich nicht alle fünf

Minuten unterbrechen, und setze klare Erwartungen, wie schnell du antwortest – so schützt du deine innere Ruhe.

NEIN zu sagen in der digitalen Welt ist genauso gültig wie in der realen: Freundschaftsanfragen oder Einladungen zu Gruppen abzulehnen, die nicht zu deinen Prioritäten passen, ist essenziell. Privatsphäre-Einstellungen sind kein Vorschlag, sondern ein Werkzeug, um zu definieren, wer sehen kann, was du teilst, oder dich kontaktieren darf. Plane digitale Entgiftungen ein – bildschirmfreie Stunden am Tag, ein Tag in der Woche oder längere Zeiträume, wenn du es brauchst –, um deine mentale Gesundheit zu verbessern. Ein chinesisches Sprichwort sagt: „Es gibt drei Dinge, die nie zurückkehren: das gesprochene Wort, der abgeschossene Pfeil und die verpasste Gelegenheit." Wir können es gut mit einer vierten Sache aktualisieren, die niemals zurückkommt: „was du in die sozialen Medien hochgeladen hast." Weniger zu posten ist eine bewusste Strategie, denn alles, ALLES, was du postest, wird niemals aufhören, online zu existieren, auch wenn du es löschst.

Wenn du in einen Konflikt in den sozialen Medien gerätst, nimm dir die nötige Zeit zum Antworten, statt sofort zu reagieren. Benutze Ich-Botschaften, um deinen Standpunkt auszudrücken, ohne anzugreifen, und erkenne, wann es besser ist, sich aus einer Diskussion zurückzuziehen, die nirgendwohin führt – Spoiler: Niemand hat jemals die Meinung von irgendjemandem nach einer Diskussion in sozialen Medien geändert.

Zögere nicht, diejenigen zu blockieren oder zu melden, die ständig deine Grenzen verletzen. Im beruflichen Umfeld ermöglichen getrennte Accounts für Arbeit und Privates klare Kommunikationslinien und sind Schritte zu einer ausgewogenen Kontrolle.

Außerdem: Hab keine Angst, irgendjemanden zu blockieren. Der Blockier-Button existiert aus einem Grund und wartet darauf, dass du ihn benutzt. Das hier ist das Internet, eine alternative Realität, das Paradies für dumme und ungebetene Meinungen. Niemand hat das Recht, dir Zeit zu stehlen oder Meinungen von dir zu fordern.

Jemand wirft dir Kommentare an den Kopf, die dich nerven? Blockieren. Jemand postet über Politik und macht dich verrückt? Blockieren. Ein Fremder bombardiert dich mit Nachrichten? Blockieren, mit den Tools des Netzwerks melden und mit deinem Leben weitermachen.

Du musst keine Ausreden erfinden oder diplomatisch sein. Ein einfacher Block und dein Tag geht weiter. Das ist keine Unhöflichkeit, das ist Selbstfürsorge. Dein Seelenfrieden ist mehr wert als ein Like und als die Empfindlichkeiten von jemandem, den du nicht mal kennst.

Das Netz ist nur ein Schaufenster deines Lebens. Du bist nicht verpflichtet, allen zu antworten oder jedem Follower zu gefallen. Behandle es wie deinen Pseudo-

Privatraum, und wenn jemand nichts beiträgt – raus damit.

Oder noch besser: Lass die sozialen Medien ganz sein! Die Sache ist die: Diese Obsession, das Leben im Internet zu teilen, ist eine Falle – es sei denn, du bist im Geschäft, einer dieser fälschlich so genannten „Influencer" zu sein: Idioten, denen ein Haufen anderer Idioten folgt, damit sie sie angeblich mit Idiotien „beeinflussen", damit sie aufhören, Idioten zu sein. Wenn das nicht dein Geschäft ist, macht es keinen Sinn, ein digitaler Exhibitionist zu sein.

Falls nötig, erstelle ein anonymes Profil, um über Memes zu lachen und auf dem Laufenden zu bleiben, aber dein Privatleben muss nicht Teil dieses Zirkus sein. Die Wahrheit ist: Es interessiert niemanden, was du isst oder wohin du reist – außer den Unternehmen, die deine Daten sammeln, und deiner maßlosen Eitelkeit.

Die ultimative Grenze ist, das Spiel des „alle machen es" aufzugeben. Das ist die Falle, die dich in den Netzwerken gefangen hält und dich grundlos ins Spotlight des BuDA stellt.

Deine Privatsphäre ist mehr wert als Likes oder Kommentare. Hör auf, Zeit für einen Online-Charakter zu verschwenden, und fang an, ein echtes Leben zu leben.

Denk ernsthaft darüber nach: Lösche deine Accounts und hol dir deine Zeit und Energie zurück. Die Welt wird nicht untergehen, wenn du aufhörst, Selfies zu posten. Im Gegenteil – du wirst wiederentdecken, was es heißt, besondere Momente zu erleben, ohne dabei einem Haufen Leute, die du nicht mal kennst, erzählen zu müssen: „Ich bin hier und mache das, gib mir dein Like."

Bei der Arbeit

In der Arbeitswelt ist es entscheidend für deine Karriere und deine geistige Gesundheit, ein Gleichgewicht zwischen Durchsetzungsvermögen und dem Vermeiden, lästig zu wirken, zu finden. Büros sind voller Fallen: Hierarchien, Teamdynamiken und ungeschriebene Regeln, die verzerren, was es bedeutet, selbstbewusst aufzutreten. Also, als Erstes: Schau genau hin, wer wirklich das Sagen hat. Beobachte, wie die kommunizieren, die Respekt einflößen, und kopiere, was funktioniert. Außerdem musst du wissen, wo du in der Hierarchie stehst, denn du wirst nicht genauso mit deinem Chef reden wie mit einem Kollegen oder einem Praktikanten.

Durchsetzungsfähig zu sein bedeutet nicht, sich in ein Gespräch zu stürzen, als würdest du alles kurz und klein schlagen. Fang damit an, Ideen vorzubringen, die aufbauen, ohne gleich zerstören zu wollen: Ein „Ich denke, dieser Ansatz ist solider" klingt viel besser als „Deine Idee taugt nichts" und ist definitiv weniger schwach als „Ohne das Gesagte schmälern zu wollen, dürfte ich eine Alternative anbieten?" Nein, das ist Entschuldigungitis in Reinform. Leute akzeptieren Ideen eher, wenn sie das Gefühl haben, dass ihre Meinung wirklich zählt – also zeig ihnen, dass du zuhörst, aber ohne in schleimiges Lob zu verfallen oder in die Defensive zu gehen. Vermeide es, der Schwätzer zu sein, der nicht aufhört, oder der, der sich für alles entschuldigt

– das führt nur dazu, dass deine Botschaft an Kraft verliert.

Wähle deine Kämpfe mit Bedacht. Nicht jedes Problem verdient eine Konfrontation. Spar dir deine Energie für das, was wirklich wichtig ist, sonst wirst du zur Person, der alle aus dem Weg gehen. Wenn du ein Problem ansprechen musst, bring Lösungen mit, nicht nur Beschwerden. So zeigst du, dass du nicht gekommen bist, um alles aufzuwühlen, sondern um es zu lösen.

Schwierige Momente erfordern Planung. Notiere dir die wichtigsten Punkte und wähle den richtigen Zeitpunkt: Timing ist alles. Wenn das Büro im Chaos versinkt oder dein Gegenüber am Limit ist, warte lieber. Benutze Fakten und klare Beispiele. Bauchgefühl überzeugt nicht, Beweise schon. Und wenn du etwas kritisierst, stell sicher, dass es konstruktiv und ohne Hintergedanken ist: Fang positiv an und ende positiv, pack das, was dir nicht gefällt, in die Mitte – und wieder ohne Schleimerei. Es ist simpel: Niemand will sich angegriffen fühlen, also ist Balance entscheidend. Finde Gemeinsamkeiten, auch wenn sie minimal sind, um jeden Weg zu ebnen.

In Meetings hilft es, einer der Ersten zu sein, die sprechen – das beruhigt die Nerven und etabliert Präsenz. Sobald du drin bist, vermeide zögerliche Wörter wie „vielleicht" und „ich glaube". Verteidige deine Positionen mit Festigkeit. Es ist in Ordnung, hinterfragt zu werden, aber gib nicht auf, nur um den Frieden zu wahren, wenn du weißt, dass du recht hast. Relevante Fragen zu stellen verstärkt auch dein Image als jemand, dem es sich lohnt zuzuhören.

Was Verhandlungen angeht: Improvisiere nie. Sammle Daten und sei dir über deinen Wert im Klaren, bevor du Gespräche über Gehalt oder Beförderungen beginnst. Übe, was du sagen wirst, damit du nicht unsicher klingst. Konzentriere dich auf das, was du beiträgst, nicht auf das, was du brauchst.

Als durchsetzungsfähig bekannt zu sein bedeutet, jemand zu sein, der hält, was er sagt. Erkenne deine Fehler an und konzentriere dich auf Lösungen, wenn die Dinge nicht wie erwartet laufen. Nutze diese Durchsetzungsfähigkeit auch, um andere zu verteidigen, wenn es nötig ist – das schafft Vertrauen und zeigt Führungsqualität. Aber behalte diese harte Wahrheit im Hinterkopf: Egal was die Leute sagen, niemand wird bereit sein, seinen Job zu opfern, um dich oder jemand anderen zu retten. Loyalität im Beruf ist sehr subjektiv. Das ist eine schmerzhafte Wahrheit, die du so schnell wie möglich verinnerlichen musst.

Am Ende ist Durchsetzungsfähigkeit bei der Arbeit nicht nur ein Werkzeug, um deine berufliche Leistung zu verbessern – es ist eine Art, deine Energie zu schützen und deine eigenen Grenzen zu wahren. Übermäßige Höflichkeit oder die Tendenz, Konflikten aus dem Weg zu gehen, führt nur zu angestauter Frustration. Klar zu reden und zu wissen, was du vermitteln willst, ist nicht gefühllos, sondern intelligent handeln. Es hilft dir, deine Worte zu wählen, ohne allen gefallen zu müssen oder in jeder Situation ihre Sympathie gewinnen zu wollen. Mit der Zeit hinterlässt diese Klarheit einen viel dauerhafteren und authentischeren Eindruck bei denen um dich herum.

So bedeutet der Erfolg, bei der Arbeit nicht so nett zu sein, durchsetzungsfähig zu sein. Gesunde Arbeitsbeziehungen entstehen nicht dadurch, immer Ja zu sagen oder Konfrontationen zu vermeiden, sondern durch gegenseitigen Respekt, den man nur erreicht, wenn man ohne Angst kommuniziert. Freundlich zu sein, wenn es nötig ist, und bestimmt, wenn es angebracht ist, schafft ein mächtiges Gleichgewicht – eines, das es ermöglicht voranzukommen, ohne sich dabei selbst zu verlieren.

Die Technik des „Das weiß ich noch nicht"

Wurdest du schon mal in einem Meeting mit einer Frage in die Ecke gedrängt, die du nicht zu beantworten wusstest? Das kann ein echter Albtraum sein. Du sitzt da, ganz entspannt, und plötzlich wird dir eine Überraschungsfrage an den Kopf geworfen, von der du keine Ahnung hast, wie du sie angehen sollst. Du hast ein Blackout, fängst an zu schwitzen, und alle starren dich an, als hättest du etwas Schlimmes getan. Die meisten stottern in solchen Fällen und lassen schließlich ein „Ich weiß nicht" raus, während sie sich innerlich wünschen, im Boden zu versinken.

Aber hier kommt der Trick: Statt dich kleinzumachen, heb den Blick und sag mit voller Überzeugung: „Das weiß ich noch nicht, ABER ich werde es herausfinden." Dieser einfache Satz ändert alles. Er ist ehrlich, ohne Schwäche zu zeigen. Er zeigt, dass du zugeben kannst, etwas nicht zu wissen, und dass du genug Selbstvertrauen hast, dich zu verpflichten, die Antwort zu finden. Dieses „aber ich werde es herausfinden" macht den Unterschied: Es zeigt, dass dein Nichtwissen nur vorübergehend ist. Du bist nicht zerstreut, du bist im Prozess.

Wenn jemand auf mehr Details besteht, macht ein einfaches „Ich kümmere mich sofort darum, weil es mich auch interessiert" klar, dass du nicht versuchst, dich zu drücken, sondern dich wirklich engagierst. So behältst du die Kontrolle über die Situation und strahlst Professionalität aus.

Aber bleib nicht nur beim Satz stehen: Los geht's! Halte das Versprechen, die gefragte Antwort zu finden.

Also, wenn diese unerwarteten Momente auftauchen, denk daran, dass es nicht darum geht, alle Antworten sofort parat zu haben, sondern zu zeigen, wie du sie findest. Das nächste Mal, wenn dir eine komplizierte Frage zugeworfen wird, sieh sie als Gelegenheit, deine Entschlossenheit und deinen lösungsorientierten Ansatz zu zeigen. Mit einem „Das weiß ich noch nicht, aber ich werde es herausfinden" gehst du von jemandem, der mit Panik reagiert, zu jemandem, der mit Absicht antwortet. Dieser kleine Satz gibt dir den Raum, den du brauchst, um dich der besten Antwort zu nähern.

Das Wichtige hier ist, ruhig zu bleiben und transparent zu sein – unterschätze nicht die Kraft eines echten Engagements. Im Grunde erlaubt dir diese Technik, dich mit Beweglichkeit zu bewegen und dich ohne Angst vor dem Unerwarteten anzupassen. Man muss nicht alles wissen, aber man sollte eine Ahnung haben, wo man anfangen kann zu suchen.

Dieses Werkzeug verschafft dir Zeit – nutze es gut.

Alkohol und Drogen: Das falsche soziale Schmiermittel

Eine der am meisten normalisierten und beschissensten Gewohnheiten der Welt ist es, Alkohol oder Drogen als Abkürzung zum Sozialisieren zu benutzen. Es mag wie ein Zug ohne Konsequenzen erscheinen, aber es ist eine Falle mit brutalen langfristigen Auswirkungen. Dieses Muster zu erkennen und zu durchbrechen ist essenziell auf dem Weg zur Authentizität.

Alkohol und Drogen mögen dir vorgaukeln, du wärst selbstsicherer oder geselliger, aber das ist nichts weiter als eine chemische Illusion. Es scheint, als wärst du entspannter, weil deine Hemmungen nachlassen, aber das bedeutet nicht, dass du auch nur ein Fünkchen echtes Selbstvertrauen oder soziale Fähigkeiten gewonnen hast. Wenn die chemischen Effekte in deinem Körper nachlassen, kehrst du zum ursprünglichen Unbehagen zurück, normalerweise multipliziert und begleitet von Reue über das, was du unter dem Einfluss gesagt oder getan hast. Ins Fettnäpfchen zu treten, etwas Unangemessenes zu sagen, Situationen falsch zu interpretieren oder dumme Entscheidungen zu treffen, hat seinen Preis: dein Ruf und deine Beziehungen.

Bevor du nach dem Glas greifst, um dich „wie ein Fisch im Wasser zu fühlen", lohnt es sich zu fragen, was dieses Bedürfnis antreibt, deinen Bewusstseinszustand zu verändern. Welche Maske willst du aufsetzen? Willst du irgendeine Unsicherheit oder Unbehagen zuschütten? Substanzen lösen diese Probleme nicht, sie verstecken sie nur und lassen die Grenzen vorübergehend verschwimmen, während sie dein Urteilsvermögen verzerren. Du könntest am Ende JA zu Dingen sagen, die du sonst nicht akzeptieren würdest, oder dich auf Weisen verhalten, die deine Prinzipien nicht widerspiegeln – was unweigerlich zu Reue führt und dein Selbstwertgefühl untergräbt.

Viele erfolgreiche und respektierte Menschen haben gelernt, ohne jedes soziale Schmiermittel zu sozialisieren. Sie haben eine Sicherheit aufgebaut, die von innen kommt, nicht aus einer Flasche oder einer Pille. Echtes Selbstvertrauen bedeutet, dich selbst zu kennen und in jeder Situation mit dir selbst im Reinen zu sein.

Viele durchzechte Nächte sind voller leerer Versprechungen und Zusagen, die nur existieren, solange die Wirkung der Substanzen anhält. Es ist üblich, großspurige Erklärungen zu hören: versprechen, sich zu ändern, unmögliche Ziele zu erreichen oder vergängliche Liebe zu erklären. Diese Worte, gesprochen mit falschem Selbstvertrauen, verflüchtigen sich bei Tagesanbruch und hinterlassen eine Spur der Enttäuschung und des Skeptizismus. Wer blind auf diese Versprechungen vertraut, lernt am Ende die Lektion, dass Worte unter dem Einfluss substanzlos sind – sie waren nur Teil der vergänglichen Ekstase.

Außerdem zeigt die Leichtigkeit, mit der manche in die Falle tappen, diese Unwahrheiten zu glauben, eine kollektive Verwundbarkeit. Die Gesellschaft feiert oft Spontaneität und Sorglosigkeit auf der Party, ohne den Schaden anzuerkennen, den dieses Verhalten langfristig verursachen kann. Diejenigen, die sich entscheiden, an die Versprechungen einer betrunkenen Nacht zu glauben, handeln ihr eigenes emotionales Wohlbefinden weg und lassen zu, dass die momentane Illusion die Realität ihrer echten Bedürfnisse und Wünsche überschattet.

Um das Gesagte in die Praxis umzusetzen, schlage ich dir eine ziemlich aufschlussreiche Übung vor. Wage Folgendes bei deinem nächsten gesellschaftlichen Treffen: Verpflichte dich, die gesamte Veranstaltung zu besuchen, aber ohne einen einzigen Schluck zu trinken oder irgendetwas zu konsumieren, das dein Bewusstsein verändern könnte – totale Nüchternheit! Beobachte aufmerksam, wie die Menschen um dich herum interagieren. Du wirst bemerken, wie viele anfangen, „aus sich herauszugehen" und Masken aufzusetzen, die nicht ihr wahres Ich widerspiegeln, und sich auf Weisen verhalten, die tatsächlich oberflächlicher oder sogar lächerlich wirken können. Du wirst sehen, wie extreme Verhaltensweisen auftauchen, und dich fragen, ob das wirklich die Versionen von dir selbst sind, die du in ähnlichen Situationen zeigst.

Am Ende des Treffens wirst du verstehen, dass diese Erscheinungen, für viele unterhaltsam, bloße vom Alkohol geschaffene Illusionen sind, und dass

Authentizität und echtes Selbstvertrauen aus deinem Inneren kommen, nicht von einer externen Substanz. Diese Übung wird dir helfen, das wahre Wesen derer um dich herum zu erkennen und deine eigene Sicherheit zu stärken, ohne von vermeintlichen chemischen Abkürzungen abhängig zu sein. Falsche Abkürzungen, die mit der Zeit ziemlich teuer werden können.

Du bist kein Spielverderber, nur weil du nicht als verändertes Bewusstsein verkleidet zum Maskenball erscheinen willst.

Emotionale Blutsauger

Hast du jemals gespürt, dass sich deine innere Batterie so schnell entlädt wie eine Kerze im Hurrikan, ohne dass du etwas Außergewöhnliches getan hättest? Wir sind keine Maschinen, und klar gibt es Tage, an denen uns schon das Heben eines Stifts erledigt. Aber Achtung: Manchmal ist es nicht der schlechte Tag, sondern die Leute, die unsere Energie aussaugen. Ich spreche von emotionalen Blutsaugern und Drama-Queens – Wesen, die vorgeben, Menschen zu sein, aber davon leben, die Lebenskraft anderer auszusaugen: waschechte Energievampire.

Diese Gestalten sind diejenigen, denen du am wenigsten Freundlichkeit und Aufmerksamkeit schenken solltest. Um mit ihnen umzugehen, musst du sie zuerst identifizieren. Warst du nach einem Gespräch emotional ausgelaugt? Du könntest von einem Energievampir gebissen worden sein, ohne es zu merken. Emotionale Vampire verstecken sich direkt neben dir und tarnen sich mit harmlosen Kommentaren und faden Freundschaften. Diese Vampire wollen so viel Zeit wie möglich mit dir verbringen, erzwingen bei jeder Gelegenheit Gespräche und wirken immer traurig oder vom Pech verfolgt. Sie tun es, weil sie deine Energie zum Überleben brauchen. Manchmal machen sie es nicht absichtlich, aber sie lassen dich trotzdem völlig fertig zurück.

Außerdem erzeugen diese Energievampire Spannungen und Probleme in jedem Bereich: Arbeit,

Familie, Freundschaften... Sie wiederholen ihr Verhalten, weil es funktioniert, und schaffen einen Kreislauf, der sie auf deine Kosten ermutigt. Sie können Explosionen in Teams oder Gruppen verursachen, wenn ein Opfer beschließt, „SCHLUSS" zu sagen, und diejenigen, die unter ihnen gelitten haben, könnten anfangen, sich genauso gegenüber anderen zu verhalten und Erschöpfung und Negativität überall zu verbreiten.

Einer der häufigsten dieser Blutsauger ist der „dominante" Vampir. Er liebt es, sich überlegen zu zeigen, und laugt dich mental aus, indem er deine Schwachstellen ausnutzt. Ein anderer komplizierter Typ ist der „melodramatische" Vampir oder die Drama-Queen. Für diese Verrückten ist alles eine Tragödie, und sie sind sich sicher, dass immer alles den Bach runtergehen wird. Ähnlich ist der „Opfer"-Vampir, der ohne jeden Zweifel glaubt, dass alle immer gegen ihn sind. Dann gibt es den „ungebetenen Richter"-Vampir, der versucht, deine Unsicherheiten herauszukitzeln, indem er alles beurteilt, was du tust, ohne dass du ihn darum gebeten hast. Der „egozentrische" Vampir ist leicht zu erkennen, weil er nicht aufhört anzugeben oder alle daran zu erinnern, dass er in allem und bei allem der Beste ist. Und schließlich der „unschuldige" Vampir, der zwar nie schaden will, aber dessen Dummheit und Naivität genau dazu führen, dass er es trotzdem tut.

Sobald sie identifiziert sind, ist es Zeit, ihnen entgegenzutreten. Ein effektiver Trick ist gutes Zeitmanagement. Es ist nicht so, dass du sie nicht empfangen willst, du hast einfach keine Zeit dafür – erinnere dich an das mit dem nach eigenem Ermessen verfügbar sein, das ist deine erste praktische Strategie.

Eine weitere nützliche Taktik ist der strategische Rückzug. Vermeide den Blickkontakt oder reduziere ihn auf ein Minimum. Es mag unbedeutend erscheinen, aber viele Vampire scheinen die Erschöpfung oder den emotionalen Schmerz in deinen Augen sehen zu müssen, um sich weiter zu nähren.

In Gegenwart eines dieser Blutsauger entscheide dich dafür, auf alles mit einem „Mhm..." zu antworten. Höre geduldig zu, ohne fast irgendeine Antwort zu geben, und lass dieses Mhm los, sonst nichts. Für Vampire erfüllt diese Passivität nicht ihre Feedback-Standards.

Aber was passiert, wenn das „Mhm" nicht mehr funktioniert? Dann musst du klar und unmissverständlich sein. Kein Raum für Umschweife oder Ausreden. Sag einfach: „Ich habe jetzt keine Zeit dafür." Diese Worte, kurz aber kraftvoll, machen deine Grenzen klar, ohne Türen für Verhandlungen oder Interpretationen zu öffnen.

Du musst dich nicht rechtfertigen oder schuldig fühlen, weil du deine Energie priorisierst. Es gibt Leute, die davon leben, die Energie anderer zu stehlen, und andere, die sich auf das Spiel einlassen, weil sie nicht aufhören wollen, nett zu sein. Indem du deine Nichtverfügbarkeit direkt ausdrückst, übernimmst du die Kontrolle über deinen emotionalen Raum. So machst du klar, dass deine Zeit wertvoll ist und dass du nicht zulassen wirst, dass sie dich weiter aussaugen. Manchmal ist der einzige Weg, den Kreislauf zu durchbrechen, standhaft zu sein und der Manipulation nicht nachzugeben.

„Spobbing": Mobbing im Erwachsenenalter

Mobbing hat sich unter Jugendlichen fest etabliert und bringt viele seiner Opfer an die Grenzen ihrer mentalen Belastbarkeit. Die Tyrannen, die es praktizieren, zielen immer auf die Verletzlichsten und machen das Leid anderer zu ihrem eigenen Treibstoff. Lehrer in Schulen und Familien mit Kindern beklagen, wie kompliziert es ist, mit diesen Konflikten umzugehen, besonders wenn die Opfer lieber schweigen, statt um Hilfe zu bitten. Und glaub nicht, dass Schikane nur etwas für Kinder ist: In der Erwachsenenwelt wiederholt sich dasselbe, wenn auch weniger sichtbar, aber unter einem neuen Namen...

Spobbing – eine Mischung aus „Spott" mit einem Hauch von „Mobbing" – ist die erwachsene Version dieser toxischen Dynamik. Es ist sowohl bei der Arbeit als auch in anderen sozialen Kreisen präsent und betrifft diejenigen, die es wagen, anders zu sein, oder einfach die Verletzlichsten. Die Opfer erfahren Geringschätzung, Ausgrenzung, verbale Aggression und in extremen Fällen sogar körperliche Einschüchterung. Der große Unterschied bei Erwachsenen ist, dass dieses Verhalten heruntergespielt oder mit dem Argument gerechtfertigt wird, dass es „nur Spaß ist", „ich scherze doch nur" oder „stell dich nicht so an". Schlimmer noch: Wenn die Schikane von jemandem mit Macht kommt, wird erwartet, dass das Opfer es stillschweigend erträgt – aus

Angst vor Vergeltung und um einen unverdienten hierarchischen Respekt zu wahren.

Außerhalb des Arbeitsumfelds erstreckt sich Spobbing auf alle möglichen Kontexte. Im Sport können Erwachsene diese Dynamiken wiederholen und einen Mitspieler wegen Fehlern oder mangelnder Fähigkeiten angreifen. In der Familie, obwohl seltener, taucht diese als Scherz getarnte Schikane ebenfalls auf und ist verheerend, sowohl für das Opfer als auch für die Zeugen.

Dem Spobbing entgegenzutreten erfordert klare Entschlossenheit. Die meisten Organisationen haben allgemeine Programme für das Miteinander, aber es fehlt an spezifischen Protokollen gegen Schikane unter Erwachsenen. Deshalb ist das erste Werkzeug gegen Spobbing die Eigeninitiative. Die Erfahrung mit Vertrauenspersonen außerhalb des unmittelbaren Umfelds zu teilen, kann helfen, eine objektivere Sicht zu gewinnen.

Den Kontakt mit den Angreifern zu vermeiden ist eine erste Option, aber nicht immer möglich, besonders bei der Arbeit. Eine andere Strategie ist, die Feindseligkeit mit einer festen Haltung zu neutralisieren und, wenn du kannst, Humor einzusetzen, um zu zeigen, dass die Aktionen des Schikanierenden nicht die gewünschte Wirkung haben – den Spieß umdrehen und dich auch über den lustig machen, der sich über dich lustig macht. Allerdings ist diese Haltung beizubehalten komplexer, erfordert Selbstbeherrschung und reicht nicht immer aus – manchmal wird es zu einem Krieg darum, wer am Ende bissiger ist. Außerdem haben nicht alle die Schlagfertigkeit eines Komikers, um auf einen Spott mit einem noch besseren zu antworten. Für solche Fälle habe ich einen Anhang in dieses Buch aufgenommen, den ich „Ein Kurs in Sarkasmus" nenne – ja, ich habe die Idee vom berühmten „Ein Kurs in Wundern" geklaut. In diesem Anhang wirst du sehen, wie du dir einige kurze, bissige und effektive Antworten zulegen kannst, um in solchen Fällen zu kontern. Die Idee ist, diese Antworten zu lesen und wieder zu lesen und einige davon sich in deinem Kopf festsetzen zu lassen, damit sie automatisch abgefeuert werden, wenn dein gesunder Menschenverstand es für angebracht hält. Wenn es um Spobbing geht: Wenn sie dich fertigmachen, dann mach du sie auch fertig.

Wenn die Schikane jedoch unerträglich wird, kann der einzige Ausweg sein, die Beschwerde an höhere Instanzen zu tragen, sei es innerhalb des Unternehmens oder über rechtliche Organe. Für diese Fälle ist es lebenswichtig, Beweise zu sammeln: E-Mails, Nachrichten, Aufnahmen oder Zeugenaussagen Dritter können den Unterschied machen. Es wird kein leichter Weg sein, aber es ist ein notwendiger Schritt, damit die Schikane nicht ungestraft bleibt. Dieser Kampf ist nicht nur für dich, sondern für alle, die dasselbe erleiden könnten.

Der schlimmste Nachbar der Welt

Neben unerträglichen Nachbarn zu leben ist wie in einer endlosen Seifenoper gefangen zu sein, in der jede Episode einen neuen Grund liefert, sich die Haare raufen zu wollen. Ob es der ist, der sein Haus bis in die frühen Morgenstunden in eine Diskothek verwandelt, der, der die grundlegenden Regeln des Zusammenlebens komplett ignoriert, oder der, der seinem Haustier gesagt hat, dass dein Garten ein weiterer geeigneter Ort für sein Geschäft ist – diese Nachbarn können die Umgebung deines Zuhauses in eine konstante Stressquelle verwandeln. Was tun?

Zuerst geben wir ihm den Vertrauensvorschuss: Es ist sehr wahrscheinlich, dass dieser problematische Nachbar nicht auf die Welt gekommen ist, um dich zu nerven, sondern dass er ein Trottel ist und einfach aus seiner eigenen begrenzten Perspektive handelt. Der, der immer vor deiner Einfahrt parkt, könnte gerade in Eile sein, weil er ein krankes Familienmitglied pflegen muss. Die Familie mit dem lauten Hund, der nicht aufhört zu bellen, könnte mit Situationen kämpfen, die du dir nie vorgestellt hast. Das rechtfertigt nicht, dass sie dein Recht auf Ruhe mit Füßen treten, aber es gibt dir einen Kontext, um intelligenter zu reagieren und die Situation besser zu verstehen. Wir alle machen ab und zu Lärm, also muss man die Dinge in den richtigen Proportionen sehen.

Wenn der Vertrauensvorschuss aufgebraucht ist und wir die Gewissheit haben, dass es eine häufige Praxis ist, muss man sich auf die sogenannte Hausordnung deiner Wohnanlage berufen. Diese Dokumente haben normalerweise klare Regeln über erlaubte Lärmpegel und die Zeiten, in denen sie eingehalten werden müssen. Wenn die Musik weitergeht, eskaliere deine Beschwerde an Hausmeister, an die Hausverwaltung und schließlich an die Polizei. Viele Leute haben Angst davor, weil es ihnen übertrieben vorkommt – da musst du abwägen, ob der Moment gekommen ist, es zu tun. Du versuchst nicht, einen Krieg anzufangen, sondern einfach dafür zu sorgen, dass die für das Wohl aller festgelegten Regeln eingehalten werden.

Die beste Art, ein Problem mit einem Nachbarn anzugehen, ist indirekt. Diese Geschichte, freundlich hinzugehen und zu bitten, die Lautstärke runterzudrehen, funktioniert nicht – schlimmer noch, dein Nachbar könnte alkoholisiert sein, und damit könnte sein rationales Gehirn abgeschaltet sein. Deshalb musst du in der Autorität eskalieren, aber indirekt. Ja, es kann verlockend sein, ihm von Angesicht zu Angesicht gegenüberzutreten, ihm zu zeigen, wer das Sagen hat, und zu sehen, wer zuerst nachgibt. Aber lass mich dir etwas sagen: Diese Mentalität des „Wer ist mächtiger" ist Zeit- und Geldverschwendung. Sogar Anwälte für Streitigkeiten von „Mann zu Mann" mit einem Nachbarn in diesen Angelegenheiten einzuschalten, ist wie Geld in ein Fass ohne Boden zu werfen. Die Anwaltskosten können dich verrückter machen als das Problem selbst, und die Spannung wird nur zunehmen und einen – meistens handhabbaren – Streit in einen endlosen Krieg verwandeln, in dem alle verlieren.

Das moderne Leben verlangt moderne Lösungen. Für die Behörden zu dokumentieren bleibt entscheidend, aber mach es mit Klarheit statt mit Emotion. „Der Lärm aus Einheit B dauerte von 23 Uhr bis 2 Uhr" nützt dir mehr als Aussagen wie „Sie waren wieder unglaublich rücksichtslos". Diese objektive Aufzeichnung hilft dir, die Perspektive zu bewahren, und liefert nützliche Beweise, falls du ein Eingreifen der Behörden brauchst, an die du das Problem eskalieren kannst.

Bei anderen Arten von Problemen haben sich die Werkzeuge, die uns zur Verfügung stehen, über einfache Zäune und Vorhänge hinaus entwickelt. Intelligente Haussicherheit, Videokameras und Geräuschunterdrückungstechnologie bieten neue Wege, mit Nachbarschaftsproblemen umzugehen. Niemand mag es, wenn man ihm ans Portemonnaie geht, und handfeste Beweise zusammen mit Bußgeldern aus der Hausordnung können ausreichen. Also nimm den gesegneten Hund des Nachbarn auf, wenn er in deinem Garten sein Unwesen treibt, und sorge dafür, dass dem Besitzer das entsprechende Bußgeld geschickt wird.

Schließlich gibt es immer die Zeit. Die Zeit erweist sich als der ultimative Löser vieler Streitigkeiten, einschließlich der nachbarschaftlichen. Immobilienmärkte ändern sich, Menschen ziehen um,

Umstände entwickeln sich. Deine aktuelle herausfordernde Situation ist vorübergehend, aber die Fähigkeiten, die du beim Umgang damit entwickelst, werden dir ein Leben lang dienen. Konzentriere dich darauf, diese Fähigkeiten aufzubauen, statt jede kleine Schlacht zu gewinnen.

Das nächste Mal, wenn die Aktionen deines Nachbarn drohen, deinen Frieden zu stören, halt inne. Erinnere dich daran, dass du, obwohl du sein Verhalten nicht kontrollieren kannst, die volle Souveränität über deine Reaktion behältst. Manchmal reichen gegen den Lärm des Nachbarn ein paar kleine Ohrstöpsel, statt dich auf einen nachbarschaftlichen DJ-Wettbewerb einzulassen, wer die Musik lauter aufdreht. Gibt es wirklich einen Gesetzesverstoß? Wenn ja, dann soll das Gesetz angewendet werden. Letztendlich ist dein Seelenfrieden viel mehr wert als jeder Machtkampf mit jemandem, der ein paar Türen weiter wohnt.

Wie man mit Heuchlern umgeht

Heuchelei ist eine Maske, die sich leicht verbirgt. Du kannst den Meister der Doppelgesichtigkeit direkt neben dir haben, der dich von Ohr zu Ohr anlächelt, während er dir in den Rücken sticht, wenn du nicht hinschaust, und du merkst es nicht, bis es zu spät ist. Diese Figuren beherrschen das doppelte Spiel wie im Schlaf: Sie schmeicheln dir oder heucheln Freundlichkeit, wenn sie bei dir sind, und in einem anderen Moment machen sie dich hinter deinem Rücken fertig.

Bedeutet das, dass du paranoid herumlaufen musst und jedes Wort und jede Geste der anderen abwägen sollst? Nein. Du wirst nicht jedem misstrauen, denn am Ende kommt und geht Heuchelei in deinem Leben, und meistens merkst du es nicht einmal. Wenn du sie entdeckst, ist es am besten, sie als Lektion zu nehmen, als Erinnerung daran, dass das Leben ein ständiges Lernen ist und dass man niemandem in den Kopf schauen kann.

Menschliche Interaktionen sind oft wie ein Casino: unvorhersehbar und wechselhaft. Das strahlendste Lächeln kann eine Grimasse purer Bösartigkeit verbergen. Und wenn du es rechtzeitig erkennst, kannst du vorausschauend handeln und entsprechend reagieren: indem du keine Angriffsfläche bietest. Klar, wir alle können ein- oder zweimal hereinfallen, und es ist in Ordnung, es durchgehen zu lassen, um die Ruhe zu bewahren. Aber wenn du dich damit abfindest, die Heuchelei anderer als etwas Konstantes und Normales in deinem Leben zu akzeptieren, wirst du zu deinem eigenen größten Heuchler. Und wenn diese Philosophie des NICHT-SO-NETT-SEINS etwas klarstellen kann, dann dies: Nicht alle Messerstiche müssen verziehen werden.

Es geht nicht darum, dem Impuls der Rache nachzugeben oder dich mit Groll zu füllen. Manchmal multipliziert das Ignorieren von schlechtem Verhalten es nur, und schlimmer noch, es schadet auch anderen. Es liegt in deinen Händen, die Spirale zu stoppen, bevor die Leute denken, sie könnten auf dir herumtrampeln und ungeschoren davonkommen. Wenn du diese Respektlosigkeiten immer wieder durchgehen lässt, fütterst du eine Bombe, die dir weiterhin ins Gesicht explodieren wird. Und wer ist dann der Komplize deines eigenen Desasters?

Was tun, wenn du beschließt, der Heuchelei von jemandem ein Ende zu setzen? Manchmal mildern wir die Schläge ab, um keine Empfindlichkeiten zu verletzen, aber das verschiebt nur das Unvermeidliche. Man muss klar sein, ruhig aber ohne Zögern, und deutlich machen, dass diese Doppelmoral nicht toleriert wird.

Wenn du im Leben auf einen Heuchler triffst, ist es leicht, vor Frustration und Verzweiflung explodieren zu wollen. Du fragst dich, wie jemand so blind für seine eigenen Widersprüche sein kann und wie du ihm die Augen öffnen kannst, ohne dabei selbst den Verstand zu verlieren. Nun, hier bringe ich dir eine unkonventionelle, aber effektive Technik, um mit diesen Meistern der doppelten Rede umzugehen: den verstärkten Spiegel.

Stell dir vor, du hast einen Kollegen, der nicht aufhört, andere dafür zu kritisieren, dass sie zu spät kommen, aber selbst eine toxische Beziehung zur Uhr zu haben scheint: Es ist eine Figur, die mindestens zweimal pro Woche zu spät kommt, aber das hindert ihn nicht daran, weiterhin Predigten über die Wichtigkeit der Pünktlichkeit zu halten. Statt ihn direkt zu konfrontieren und eine nutzlose Diskussion zu riskieren, probiere Folgendes: Das nächste Mal, wenn er zu spät kommt, komm du auch zu spät, aber komm ein paar Minuten nach ihm. Und mach es nicht nur einmal, mach es mehrmals, mit einer Beständigkeit, die er nicht ignorieren kann.

Aber hör da nicht auf. Wenn du die Gelegenheit hast, wirf ihm scheinbar unschuldige Fragen zu, die den Widerspruch zwischen seinen Worten und seinen Taten hervorheben. Du könntest etwas sagen wie: „Hey, glaubst du immer noch, dass Pünktlichkeit so wichtig ist, wie du immer gesagt hast?" Und wenn du wirklich den Sack zumachen willst, erwähne beiläufig vergangene Situationen, die mit seinem aktuellen Verhalten kontrastieren. Etwas wie: „Ich erinnere mich, wie sehr dich die Verspätungen der anderen früher genervt haben. Interessant zu sehen, wie sich Perspektiven mit der Zeit ändern, oder?"

Mit dieser Technik spiegelst und verstärkst du im Grunde das heuchlerische Verhalten der Person und treibst es offensichtlich auf die Spitze – mit ihrem eigenen Beispiel. Das Ziel ist, den Heuchler mit seinen eigenen Widersprüchen auf eine Weise zu konfrontieren, die er nicht einfach ignorieren oder abtun kann.

Klar, diese Technik erfordert Geduld und Feingefühl. Es geht nicht darum, sich offen über den Heuchler lustig zu machen oder dramatische Szenen zu machen. Es geht darum, beständig, strategisch und ein bisschen theatralisch in deinem Ansatz zu sein. Und wer weiß, vielleicht beginnt der Heuchler, wenn er sich auf diese Weise gespiegelt sieht, sich selbst zu hinterfragen und einige echte Veränderungen vorzunehmen.

Aber seien wir realistisch: Nicht alle Heuchler werden eine Erleuchtung haben und sich über Nacht verwandeln. Manche sind so in ihrer eigenen Erzählung gefangen, dass nicht einmal der klarste Spiegel sie ändern wird. In diesen Fällen musst du vielleicht akzeptieren, dass manche Menschen einfach nicht bereit oder nicht fähig sind, sich ihren eigenen Widersprüchen zu stellen. Und da musst du entscheiden, wie viel Energie du bereit bist, in jemanden zu investieren, der sich nicht ändern will.

Eine weitere effektive Strategie, um Heuchlern entgegenzutreten, ist, ihre Heuchelei direkt, aber mit Takt anzusprechen. Das bedeutet, ihr Handeln durch konkrete Fakten offensichtlich zu machen, wobei man anerkennt, dass wir alle bis zu einem gewissen Grad unter kognitiver Dissonanz leiden und dass „zweierlei Maß" – das Schlechte für andere, das Gute für einen selbst – eine verbreitete menschliche Tendenz ist. Allerdings birgt das Aufzeigen von Heuchelei ein Paradox: Es ist oft wirksamer, wenn man es privat tut statt öffentlich. In privaten Gesprächen kann es sogar nützlich sein, darauf hinzuweisen, dass diese Heuchelei, wenn sie anhält, in Zukunft öffentlich bloßgestellt werden könnte. Diese Taktik motiviert den Heuchler oft, seine Handlungen zu überdenken oder sein Verhalten zu ändern. Indem wir Heuchelei auf diese Weise angehen, konfrontieren wir nicht nur das Problem direkt, sondern bieten auch eine Gelegenheit für Wachstum und Reflexion – sowohl für den Heuchler als auch für uns selbst.

Eine Chance geben, nicht zwei.

Der Basar der Schnorrer

In Kolumbien nennt man sie umgangssprachlich „conchudos", anderswo kennt man sie als Unverschämte, Opportunisten, Egoisten, Schamlose, Schmarotzer, Ausnutzer oder Schnorrer. Es sind diejenigen, die ohne zu zögern versuchen, den größten Vorteil aus der Großzügigkeit und Gutmütigkeit anderer zu ziehen. Sie sind die Art von Menschen, denen du den kleinen Finger gibst, und sie nehmen nicht nur die ganze Hand, sondern machen es sich auch noch bequem und fordern noch mehr.

Klingt bekannt? Natürlich. Es ist dieser „Freund", der immer braucht, dass du ihn überallhin fährst, aber mysteriöserweise nie Geld fürs Benzin beiträgt. Oder dieser Arbeitskollege, der dir seine Aufgaben hinwirft, als wäre er dein Chef. Oder noch schlimmer, das Familienmitglied, das ohne Vorwarnung bei dir auftaucht, als wärst du ein All-inclusive-Hotel.

Schnorrer sind Experten darin, wie Könige auf Kosten anderer zu leben, und das Schlimmste ist, dass sie sich nicht einmal schämen. Im Gegenteil, sie stolzieren herum und brüsten sich mit ihrer „Cleverness", als wäre ein Ausnutzer zu sein ein Universitätsabschluss. Das Irritierendste ist, dass diese Exemplare Genies der sozialen Tarnung sind. Sie sind charismatisch, geben dir das Gefühl, wichtig zu sein, und bevor du dich versiehst, pressen sie dich aus wie eine Orange.

Um diese Schnorrer zu identifizieren, achte darauf: Sie sind immer verfügbar zum Nehmen, aber selten zum Geben, sie haben einen Doktortitel darin, IHRE Probleme zu DEINEN Problemen zu machen, und sie meiden jede Situation, die Anstrengung oder Engagement ihrerseits erfordert. Ihr Lieblingssatz könnte sein: „Kannst du mir einen Gefallen tun?" – und glaub mir, was sie von dir verlangen werden, wird nie klein sein. Genauso wirst du von ihnen nie hören: „Kann ich dir irgendwie helfen?"

Wir werden nicht noch einmal auf das Setzen von Grenzen eingehen, das ist bereits klar. Manchmal erfordert der Umgang mit diesen Leuten kreativere Ansätze. Ein Vorteil bei Schnorrern ist, dass sie selbst oft damit prahlen, welche zu sein, und es sogar mit unschuldigen Sätzen verstecken wie „Ach, wer nicht wagt, der nicht gewinnt" – in Anspielung darauf, dass sie nichts verlieren, wenn sie das Blaue vom Himmel verlangen und die Chance nutzen, dass du zu nett bist, um nachzugeben. Obwohl wir, wie wir im nächsten Kapitel sehen werden, auch davon lernen können. Und ich sage, es ist ein Vorteil, weil man diese Leute besser mit Humor und Sarkasmus behandeln kann als mit Aufrichtigkeit und Verärgerung. Zum Beispiel, wenn sie den Mond und die Sterne von dir verlangen, kannst du antworten: „Und was möchtest du noch dazu? Ein Käffchen mit Keksen? Sonst noch was?"

Wenn du diese Unverschämten, Opportunisten und Ausnutzer satt hast, die ständig versuchen, von deiner

Großzügigkeit zu profitieren, hier sind einige unkonventionelle Strategien, um mit ihnen umzugehen:

Der Überraschungsvertrag

Das nächste Mal, wenn sie dich um einen extremen Gefallen bitten, zieh einen im Voraus vorbereiteten „Vertrag" heraus – oder fang an, ihn auf der Stelle zu verfassen, mit einer Serviette und einem Kugelschreiber, mit einem großen Titel VERTRAG. Füge absurde Klauseln ein wie „Als Gegenleistung muss der Begünstigte die Nationalhymne nackt in der Öffentlichkeit singen". Das Lächerliche der Situation wird ihm klarmachen, dass er etwas jenseits des Möglichen verlangt. In den Anhängen habe ich einen perfekten Vertrag für diese Zwecke.

Der unmögliche Gefallen

Wenn sie dich um etwas bitten, antworte mit übertriebener Begeisterung und biete an, viel mehr zu tun, als sie verlangen. „Klar! Und was hättest du sonst noch gern? Willst du, dass ich dir Geld leihe? Klar! Ich verkaufe mein Haus, ziehe mit meiner Familie in ein Zelt und gebe dir alle meine Ersparnisse. Wann fangen wir an?" Mach es in einem komischen Ton, nicht sarkastisch: Du machst dich über die Bitte lustig, lass es nicht so aussehen, als hättest du dich beleidigt gefühlt. Diese falsche und spöttische übermäßige Bereitschaft wird sie schnell zurückweichen lassen.

Die Technik des unangenehmen Verhörs

Bombardiere den Ausnutzer jedes Mal mit unangenehmen und detaillierten Fragen, wenn er dich um etwas bittet: „Warum brauchst du das? Warum ich? Hast du keine anderen Freunde? Machst du das öfter? Wem sonst schuldest du ähnliche Gefallen? Hast du deine Schulden bei denen schon beglichen?" Hör nicht auf zu bohren, bis sie sich unwohl von ihrer egoistischen Bitte zurückziehen.

Wie ich im ersten Punkt erwähnt habe, findest du in den Anhängen einen äußerst komplizierten mephistophelischen Vertrag, der fast unmöglich zu lesen und noch weniger zu erfüllen ist – wegen seiner winzigen Schrift und der Anforderungen, die der Unterzeichner mit dir eingeht. Es ist einfacher, dem Teufel seine Seele zu verkaufen, als die Bedingungen dieses Vertrags zu akzeptieren. Erwäge, eine Kopie davon zu machen und sie bei dir zu tragen, für wenn einer dieser Schnorrer dich um etwas bittet. Wenn sie es tun, frag, was sie im Gegenzug für deinen Segen geben würden, sag ihnen, du hättest ein „Verträglein", das du gern von ihnen unterschrieben hättest, und sie sollen sich keine Sorgen wegen des Kleingedruckten machen, es sei nur eine Formalität. Es ist ein Hauch von schwarzem Humor, der deine Position klarstellen wird. Und wenn sie es wagen, es zu unterschreiben, bewahre es auf und antworte, dass jetzt nur noch „die Daten des Unterzeichners verifiziert werden müssen", als handle es sich um irgendeine bürokratische Angelegenheit, die noch erledigt werden muss, und lass es dabei.

Wenn sie nach deinem Scherz weiter insistieren – denn das werden sie bestimmt – und sagen „Okay, jetzt mal im Ernst: Wirst du mir das erzählen/helfen/leihen... dies und das?", wird deine Antwort einfach „NEIN" sein, mit einer übertriebenen Kopfbewegung von einer Seite zur anderen. Die scherzhafte Antwort vorher hat die Situation bereits geschmiert und die Botschaft ist klar.

Es gibt Leute, die nach all deiner Anstrengung, etwas zu erreichen, erwarten, dass du deine Erfahrung, Formeln und Erkenntnisse von Monaten und Jahren in einem zehnminütigen Gespräch mit ihnen teilst. Ich spreche nicht von denen, die sich mit deinen Odysseen unterhalten wollen, sondern von denen, die ernsthaft dasselbe erhalten wollen wie du, im Austausch dafür, dich auf einen mickrigen Kaffee einzuladen. Für sie hast du bereits Blut und Tränen vergossen, und sie fühlen sich deines gesamten Know-hows würdig. Fühl dich nicht schuldig, auf ihre Anfrage negativ zu antworten. Denk daran, dass die Erfolgsformel nur aus zwei Dingen besteht: Erstens: „Erzähle nie alles, was du weißt." Und zweitens? Lies das Erste noch mal...

Ohne Scham bitten

Nachdem wir die Schnorrer entlarvt haben, gibt es etwas, das wir von ihnen lernen können: Diese Figuren, so irritierend sie auch sind, haben uns etwas beizubringen. Nein, es geht nicht darum, skrupellose Ausnutzer zu werden, sondern eine Haltung anzunehmen, die viele von uns in unserem Bestreben, „gute Menschen" zu sein, vergessen haben: ohne Scham zu bitten.

Denk mal darüber nach: Wie oft hast du Gelegenheiten verstreichen lassen, weil du dich nicht getraut hast, um etwas zu bitten? Vielleicht war es die Gehaltserhöhung, die du verdient hast, oder das Date mit jemandem, der dir gefiel. Die Schnorrer haben in ihrer Dreistigkeit etwas perfektioniert, das vielen von uns schwerfällt: klar auszudrücken, was sie wollen, ohne sich schuldig zu fühlen.

Die Scham beim Bitten ist wie ein mentaler Parasit, der sich von deinem Potenzial ernährt. Er flüstert dir ins Ohr, dass etwas nicht für dich ist, dass du störst, dass du dich zufriedengeben solltest. Er gibt den Kampf verloren, bevor er begonnen hat. Wie schickt man diese einschränkende Scham zum Teufel? Es gibt mehrere Techniken:

Wenn es um etwas Wichtiges geht oder etwas, über das du schon lange nachdenkst und grübelst, erwäge die mentale Übung. Visualisiere dich selbst, wie du selbstbewusst um das bittest, was du willst. Stell dir verschiedene Szenarien und Antworten vor und bereite dich mental auf jedes Ergebnis vor. Es ist wie mentale Liegestütze, bevor du in den Ring steigst. Aber trag immer die Option mit dir, dass diese Dialoge, egal wie sehr du sie übst, NIEMALS genau so ablaufen werden, wie du sie geplant hast. In diesem Sinne teile ich eine Lektion aus meinen Jahren als Redner mit dir: Konzentrier dich nicht darauf, die Worte auswendig zu lernen, die du sagen möchtest, sondern arbeite an einer Dialogstruktur, in der du dich je nach den Antworten, die du dir vorstellen kannst, bewegen könntest.

Zweitens, die 5-Sekunden-Regel. Die ist für diese Momente von „da kommt der Zug: Steigst du ein oder lässt du ihn vorbeifahren?" Wenn du den Impuls verspürst, um etwas zu bitten, zähle bis 5 und tu es. Gib deinem Gehirn keine Zeit, dich mit Zweifeln zu sabotieren. Denk daran, dass kein Dialog letztendlich so ablaufen wird, wie du erwartet hast. Das ist wie ein Pflaster mit einem Ruck von der Wunde zu reißen – schnell und ohne zu viel nachzudenken. Wenn die Dinge nicht so laufen, wie du erwartet hast, hast du es wenigstens versucht! Das ist vorbei, weiter zum Nächsten.

Als dritte Technik für Zwischensituationen gibt es das hypothetische „NEIN". Frag dich: „Was ist das Schlimmste, das passieren kann, wenn sie Nein sagen?" Normalerweise ist die Antwort weniger katastrophal, als du dir vorstellst. Es sei denn, du machst jemandem öffentlich einen Heiratsantrag und sie sagt Nein – in dem Fall, viel Glück damit.

Und schließlich der Fokus auf den Wert. Wenn du um etwas bittest, konzentriere dich auf den Wert, den du beiträgst, oder darauf, wie deine Bitte der anderen Person nützen könnte. So wirst du nicht das Gefühl haben zu betteln, sondern etwas Wertvolles anzubieten. In diesem Zusammenhang: Hast du bemerkt, wie manche Leute ihre Bitten mit „Ich brauche dies und das" beginnen? Für sie ist es, als würde die Welt sehnsüchtig darauf warten, ihre Bedürfnisse zu erfüllen. Nun, lass mich dir etwas sagen: Den Leuten ist es scheißegal, was du und ich brauchen. Ja, so hart. Du brauchst einen Gefallen? Tja, Pech gehabt, aber das ist nicht das Problem der anderen. Hier musst du Wert anbieten. Also, wie bittet man, ohne wie ein egozentrischer Forderer zu klingen? Versuch es mit etwas Subtilerem. Statt ein „Ich brauche" rauszuhauen, versuch es mit einem „Ich bin auf der Suche nach" oder einem „Ich habe mich für... interessiert". Und wenn du noch einen Schritt weiter gehen willst, versuche einen gemeinsamen Nenner zu finden, bevor du deine Bitte äußerst. Etwas wie „Ich weiß, dass du auch nach etwas Ähnlichem gesucht hast" oder „Ich erinnere mich, dass du vorher etwas darüber erwähnt hast". So bittest du nicht aus dem Nichts, sondern baust auf einer Basis gegenseitigen Verständnisses auf. Der Schlüssel liegt darin, mit Takt zu bitten, nicht mit Forderung.

Natürlich geht es nicht darum, ein Schamloser zu werden, der ohne Rücksicht bittet. Der Schlüssel liegt darin, diese Selbstbehauptung zu finden, die es ermöglicht, Wünsche klar und direkt auszudrücken, aber ohne zu übertreiben. Und hier kommt der Teil, der uns von den Schnorrern unterscheidet: zu verstehen und zu respektieren, dass die andere Person das VOLLE RECHT hat, uns NEIN zu sagen. Dieses Verständnis ist befreiend. Es erlaubt dir zu bitten, ohne den Druck, immer ein Ja zu bekommen, und bereitet dich darauf vor, mit Ablehnung reif umzugehen. Denn manchmal, auch wenn du mit allem Selbstvertrauen der Welt bittest, wird die Antwort Nein sein. Und das ist völlig in Ordnung.

Also, das nächste Mal, wenn du diesen Knoten im Magen spürst, bevor du um etwas bittest, denk an die Schnorrer. Nicht um ihre Rücksichtslosigkeit nachzuahmen, sondern um dich daran zu erinnern, dass Bitten ein Recht ist, kein Privileg. Und wer weiß, du könntest überrascht sein, wie viele Türen sich öffnen, wenn du dich traust anzuklopfen.

Nichts ist so wichtig, wie es scheint

Erzwungene Freundlichkeit ist wie eine lächerliche Maske, die du dir jeden Morgen aufsetzt, die dich einengt und dir das Gefühl gibt, gefangen zu sein – gewebt aus den Fäden der Erwartungen anderer und gefärbt in der Farbe des „Was werden die Leute sagen". Du wachst auf und denkst darüber nach, wie du dich verhalten sollst, welche Lächeln du fälschen, welche gestelzten Worte du von dir geben sollst – alles bemessen mit der Präzision eines zwanghaften Chirurgen.

Wie oft hast du in einem Meeting höflich genickt, während du es innerlich zum Teufel wünschen wolltest? Wie oft hast du Nachrichten voller lächelnder Emojis an Leute geschickt, die dir nicht mal wichtig sind? Die Realität ist, dass wir in einem endlosen Theater leben, in dem jeder die Rolle der „angenehmen Person" spielt, als hinge unsere Existenz davon ab.

Aber hier kommt die unbequeme Wahrheit: Niemanden interessiert es so sehr, wie du glaubst. Jeder ist so vertieft in seine eigene Blase aus Sorgen, Wünschen und persönlichen Dramen, dass er kaum Zeit hat, deine Gesten zu bemerken oder deine Worte zu analysieren. Während du dich abmühst, freundlich zu wirken, denken sie an ihr nächstes Meeting, an den Streit, den sie heute Morgen hatten, oder daran, was sie heute Abend essen werden.

Es ist, als wären wir in einer Stadt voller schwebender Blasen, jede mit einer Person, die in ihre eigene Welt vertieft ist. Wir kreuzen uns, stoßen aneinander, aber selten dringen wir wirklich in die Blase des anderen ein. Und dennoch – wie viel Energie verschwenden wir damit, zu manipulieren, wie uns diejenigen wahrnehmen, die uns kaum Aufmerksamkeit schenken!

Echte Freundlichkeit ist ein wertvolles Geschenk, ein aufrichtiger Ausdruck menschlicher Verbindung. Aber erzwungene Freundlichkeit ist ein Gefängnis, das du dir selbst auferlegst, eine unnötige Verschwendung deiner Lebensenergie. Es ist wie der Versuch, das Wetter zu kontrollieren: Du kannst dir so viele Sorgen machen, wie du willst, ob es morgen regnet, aber deine Sorgen werden keinen einzigen Tropfen ändern.

Dich von diesem zwanghaften Bedürfnis zu gefallen zu befreien, bedeutet nicht, dass du unhöflich oder gefühllos wirst. Es bedeutet vielmehr, ein Gleichgewicht zu finden zwischen dem grundlegenden Respekt, den alle verdienen, und der Authentizität, die du dir selbst schuldest. Es bedeutet zu verstehen, dass du nicht kontrollieren kannst, was andere von dir denken, und dass es zu versuchen so nutzlos ist, wie den Wind mit den Händen fangen zu wollen.

Das nächste Mal, wenn du dich dabei ertappst, ein Lächeln zu erzwingen oder eine übertrieben herzliche Nachricht zu schreiben, frag dich: Ist das wirklich nötig?

Bin ich freundlich aus echter Rücksicht auf den anderen, oder handle ich aus Angst, beurteilt zu werden? Die Antwort könnte dich überraschen und, was noch wichtiger ist, sie könnte dich befreien.

Nichts ist so wichtig, wie wir glauben. Weder die Meinungen der anderen noch die gesellschaftlichen Fassaden noch die Urteile, die wir fürchten. Die wahre Freiheit beginnt, wenn wir verstehen, dass die meisten Dinge, die uns beunruhigen, wie vorüberziehende Wolken an einem unendlichen Himmel sind: scheinbar fest, aber im Grunde leer.

Nicht alles schlucken

Wir leben in der Ära der geduldeten Ignoranz, es ist die Zeit des „Alles-Schluckens", und ohne ein bisschen kritisches Denken sind wir einer Welt voller Unwahrheiten und Dummheiten ausgeliefert. Täusch dich nicht, hier geht es nicht nur darum zu hinterfragen, weil es gut klingt – kritisches Denken ist diese fast vergessene Fähigkeit, die uns helfen wird, aufzuhören, an Hirngespinste und falsche Versprechungen zu glauben.

Manchmal wird das Appellieren an kritisches Denken als Mangel an Freundlichkeit gesehen, deshalb habe ich beschlossen, diesem Thema einen Abschnitt in diesen Seiten zu widmen, obwohl kritisches Denken ein Thema ist, das ich in einer zukünftigen Veröffentlichung erkunden werde. Erstens: Tu dir selbst einen Gefallen und hör auf, jede Geschichte zu glauben, die man dir erzählt. Die Leute lassen Unsinn vom Stapel, den sie nie hinterfragt haben, und viele wiederholen ihn, als wären es heilige Worte. In der Welt der TikToks schlucken alle alles. Sei nicht einer von ihnen. Wenn etwas so unglaublich klingt, dass es dir das Gefühl gibt, „alles ist möglich", steckt fast sicher ein Haken dahinter. Von Politikern und „spirituellen Gurus" bis zu lächerlichen Angeboten in sozialen Medien – alle haben ihren Preis und ihre Agenda. Lerne, den Köder zu erkennen.

„Blinder Glaube" ist der direkte Weg zur Dummheit. Und verwechsle das nicht mit Verbitterung oder Zynismus – das ist reine Überlebensintelligenz. Die

Leute, die dir sagen, du sollst „glauben, ohne zu hinterfragen", verkaufen dir normalerweise heiße Luft. Egal ob es sich um eine Geschichte, eine Sache oder ein Wundermittel handelt, alles kommt gewöhnlich mit Fiktion beladen daher, oder zumindest mit irgendeiner Voreingenommenheit.

Kritisch zu sein ist nicht dasselbe wie ein professioneller Widerspruchsgeist zu sein. Halte den Geist offen, klar, aber nicht so weit offen, dass dir das Gehirn rausfällt. Sammle Daten, analysiere und benutze den gesunden Menschenverstand, auch wenn er heutzutage der am wenigsten verbreitete aller Sinne zu sein scheint. Die Realität ist komplex, und selten zeigt sich die Wahrheit einfach oder bequem. Die Gewohnheit des selektiven Lesens zu entwickeln ist entscheidend: Aber es geht nicht ums Lesen um des Lesens willen, sondern darum, zuverlässige und vielfältige Quellen auszuwählen. Schließ dich nicht in einer einzigen Perspektive ein. Lies gegenteilige Meinungen, recherchiere den Hintergrund der Autoren und überprüfe die Information mit mehreren Quellen. Kritisches Lesen wird dir ermöglichen, Voreingenommenheiten und schwache Argumente zu erkennen.

Gewöhne dich an unbequeme Fragen – sie sind das Training, das die Birne stärkt. Wenn dich etwas herausfordert, lauf nicht weg, stell dich ihm und prüfe, ob deine Überzeugungen irgendeinen Wert haben oder ob sie Sandburgen sind. Seine Meinung zu ändern ist kein Verrat, es ist Wachstum. Die Sturköpfe sind diejenigen, die ihre Meinungen umarmen, als wären sie das Einzige, was sie am Leben hält. Außerdem wird dir aktives Zuhören helfen, wirklich zu verstehen, was dir gesagt wird. Achte auf Details, erkenne Unstimmigkeiten und stelle klärende Fragen.

Das nächste Mal, wenn du mit einer Behauptung konfrontiert wirst, der du misstraust, benutze die sokratische Methode: Frag dich, welche Beweise das stützen, was die Quelle ist, ob es Alternativen gibt und welche Annahmen gemacht werden. Diese Methode zwingt dich, tiefer als die Oberfläche zu graben und nichts ohne eine rigorose Bewertung zu akzeptieren. Erkenne und kontrolliere deine Vorurteile – wir alle haben kognitive Verzerrungen, die unser Urteil trüben. Identifiziere, welche deine sind, wie der Bestätigungsfehler oder der Halo-Effekt, und sei dir bewusst, wie deine Erfahrungen und Überzeugungen deine Wahrnehmung der Realität beeinflussen. Frag dich: Warum denke ich so? Bin ich objektiv?

Gib dich nicht mit der ersten Antwort zufrieden, die man dir auf jede Frage gibt. Erkunde verschiedene Ansätze und Perspektiven, um Probleme zu lösen. Akzeptiere etwas nicht als Wahrheit, nur weil eine Autoritätsfigur es sagt. Recherchiere selbst und bilde dir deine eigene Meinung. Übe informierte Entscheidungsfindung: Bevor du etwas Wichtiges entscheidest, sammle alle relevanten Informationen, bewerte die verfügbaren Optionen und bedenke die kurz-

und langfristigen Konsequenzen. Überstürze nichts – kritisches Denken schätzt Qualität über Schnelligkeit.

Außerdem umgib dich mit kritischen Köpfen. Die Menschen, mit denen du dich umgibst, beeinflussen deine Denkweise. Suche die Gesellschaft von Individuen, die kritisches Denken schätzen, die deine Ideen auf konstruktive Weise herausfordern und die dich inspirieren, besser zu sein.

Kritisches Denken ist ein wunderbarer Schutzschild gegen Manipulation. Werbung, Nachrichten, soziale Medien... alle haben eine Agenda, und deine Pflicht ist es, herauszufinden, welche das ist, bevor du die Geschichte schluckst. Fühl dich nicht immun gegen Manipulation. Niemand ist es. Aber wenn du dich trainierst zu hinterfragen und selbst zu denken, bist du ein viel schwierigeres Ziel.

Kritisch zu denken bedeutet nicht, negativ zu sein oder „der Grinch der Logik". Es bedeutet, die Dinge mit einer vollständigen Perspektive zu sehen und fundierte Entscheidungen zu treffen, als wärst du der Einzige, der dafür verantwortlich ist, was in deinen Kopf kommt. Also, das nächste Mal, wenn jemand dich bittet, an etwas zu glauben, „weil es immer so war" oder „weil alle es glauben", wach auf und frag nach. Forsche nach, informiere dich und erwäge deine Optionen. Und wenn die Beweise in eine andere Richtung zeigen – trau dich, deine Meinung zu ändern!

Epilog: Ein Nachtrag zur Goldenen Regel

Am Ende dieser Reise ist es grundlegend zu bekräftigen, dass aufzuhören, übermäßig nett zu sein, nicht bedeutet, ins andere Extrem zu verfallen und die Gefühle oder Bedürfnisse anderer zu vernachlässigen. Das Ziel ist, einen Mittelweg zu finden: die eigenen Interessen zu verteidigen, ohne die Rechte anderer mit Füßen zu treten.

Eines der größten Missverständnisse über Selbstbehauptung ist, sie mit Egoismus oder Aggressivität zu verwechseln. Nichts könnte weiter von der Wahrheit entfernt sein. Selbstbehauptung bedeutet, Grenzen zu setzen, zu wissen, wo die eigenen Rechte enden und die der anderen beginnen. Sie erlaubt es, die eigenen Bedürfnisse zu respektieren und die der anderen anzuerkennen, ohne Schuldgefühle mit sich herumzutragen. Selbstbehauptend zu sein bedeutet nicht, jemanden zu überfahren – es bedeutet sicherzustellen, dass unsere Rechte nicht ignoriert werden.

In diesen Zeiten ist es leicht, ein Lächeln oder ein lockeres Gespräch mit einer echten Freundschaft zu verwechseln. Aber eine wahre Freundschaft geht über Höflichkeit und sporadische Gefälligkeiten hinaus. Das bedeutet nicht, dass alle uns manipulieren wollen, sondern dass sich authentische Beziehungen jenseits simpler Freundlichkeit definieren. Das zu verstehen erlaubt es, Grenzen zu setzen, ohne sich schuldig zu fühlen, weil man nicht immer verfügbar oder gefällig ist.

Ein weiterer Punkt ist die Falle der Bestätigung in sozialen Medien. Viele vergessen, dass ein virtueller Daumen hoch keine Relevanz für den eigenen Wert oder die Beziehungen hat. Das Selbstwertgefühl muss von innen kommen, nicht von einer oberflächlichen Online-Geste. Es ist lebenswichtig, diese Meta-Indikatoren der Anerkennung zu vermeiden, die uns nur von echten Verbindungen und dem Sinn für Identität ablenken.

Stille ist ein unterschätztes Werkzeug, um uns selbst zu behaupten. Manchmal ist die Abwesenheit von Worten die mächtigste Aussage – sie vermittelt Sicherheit und Kontrolle, wenn Reden nur Konflikte verursachen oder die eigene Position schwächen würde. Stille kann von selbst eine Grenze markieren und implizit signalisieren, dass nicht alles eine Antwort verdient.

Mit klaren Grenzen und ohne von oberflächlicher Bestätigung abhängig zu sein, findet man ein Gleichgewicht zwischen Selbstrespekt und Empathie. Selbstbehauptung bedeutet nicht, ohne Grund starr zu sein, sondern sich selbst treu zu sein und mit Selbstvertrauen zu handeln, während man auch die Menschlichkeit der anderen anerkennt.

Wir alle haben die Goldene Regel gehört: dieses „universelle Juwel", das so tiefgründig klingt, aber manchmal ziemlich nutzlos ist. Alle wiederholen sie wie Papageien, tragen sie auf der Zunge tätowiert, als würden sie schon etwas verstehen, nur weil sie sie aussprechen. Aber sie verstehen, wirklich verstehen... das ist eine andere Geschichte.

Die Goldene Regel kommt in zwei Versionen, wie Medikamente: die „schöne" Version und die „antiseptische". Die erste sagt: „Behandle andere so, wie du behandelt werden möchtest." Hübsch, tiefgründig, aber komplett missverstanden. Die zweite ist für die Vorsichtigen: „Tu anderen nicht an, was du nicht willst, dass man dir antut." Das ist die defensive Ausgabe derselben, aber zumindest hält sie dir die Hände sauber und das Gewissen intakt.

Aber täusch dich nicht, hier endet die Sache nicht. Beide Versionen dieser Regel kommen mit versteckten Klauseln, unbequemen Nachträgen, die niemand erwähnt, die aber die sind, die wirklich zählen.

Der erste Nachtrag sagt: „Nur du entscheidest, wie viel du aushältst." Denn eine Sache ist es, ein guter Mensch zu sein, und eine andere, der emotionale Mülleimer derer zu sein, die an dir vorbeikommen. Du musst nicht das Elend anderer mit dir herumschleppen, nur weil es so ist, und schon gar nicht den Helden spielen bei Problemen, die du weder gesucht noch verstanden hast. Nicht alle Kämpfe sind deine, also wähle weise.

Und dann gibt es den Nachtrag zum Nachtrag, eine zweite Klausel, die niemand aussprechen wird: „Du musst nicht die Scheiße von irgendjemandem mit dir herumtragen." Ein guter Mensch zu sein ist nicht gleichbedeutend damit, der Fußabtreter aller zu sein. Soll jeder seine eigenen Geister mit sich tragen und lernen, mit seinen Entscheidungen umzugehen. Du widme dich in der Zwischenzeit deinen eigenen Angelegenheiten.

Kurioserweise sind es diese beiden Ergänzungen, die wirklich zählen, aber die die Literatur niemals erwähnt. Vielleicht weil beide Anpassungen nicht spirituell genug klingen, oder weil „Scheiße" zu sagen nicht besonders zen ist. Aber die Wahrheit ist, dass es die Ratschläge sind, die im echten Leben wirklich nützen, die, die dir erlauben, deine Würde intakt zu halten, während du durch dieses Meer fremder Erwartungen navigierst.

Anhang 1: Ein Kurs in Sarkasmus

Hast du bemerkt, dass manche Menschen eine Superkraft zu haben scheinen, um auf jeden blöden Kommentar schlagfertig zu antworten? Ja, diese Genies des Witzes, die eine unangenehme Frage mit der Präzision eines Chirurgen und der Eleganz eines brennenden Clowns entwaffnen. Während du dir noch den Kopf über die Dreistigkeit kratzt, haben sie bereits eine so scharfe Antwort losgelassen, dass sogar der Fragesteller anfängt, seine eigene Existenz zu hinterfragen.

Nicht jeder wird mit der Fähigkeit geboren, spontan schlagfertige Antworten zu geben – dieser Funke, der eine unangenehme Situation in eine Lektion verwandelt: „Misch dich nicht ein, wo es dich nichts angeht." Aber was wäre, wenn ich dir sage, dass du diese unglaubliche Fertigkeit trainieren kannst? Und wenn es ein „Handbuch für kluge Antworten" gäbe für all die dummen Fragen, die Leute stellen, wenn sie kritisieren, sich lustig machen oder dir einfach das Leben schwer machen wollen?

Genau das hast du hier in diesem Anhang: eine Sammlung von 50 passiv-aggressiven Fragen, mit denen wir alle schon konfrontiert wurden, zusammen mit Antworten, die speziell dafür entwickelt wurden, Grenzen zu setzen, ohne Zeit mit unnötigen Erklärungen zu verschwenden. Jede Frage kommt mit ihrem Kontext und einer Antwort, die Schlagfertigkeit, Selbstbehauptung und genau die richtige Prise Sarkasmus mischt, die sagt: „Bis hierhin und nicht weiter."

Aber ist Sarkasmus nicht schlecht? Kommt drauf an. Der, den wir hier behandeln, ist einer mit Zweck – ein weiteres Werkzeug in deinem Arsenal der Authentizität. Du musst nicht jede Antwort auswendig lernen oder zum König des bissigen Witzes werden. Nimm, was dir nützt, passe die Antworten an deinen Stil an und denk vor allem daran: Das Ziel ist nicht zu verletzen, sondern klare Grenzen mit Haltung zu setzen.

Jede Frage und Antwort kommt mit einer Erklärung, warum sie funktioniert und wie sie effektiv Grenzen setzt. Es ist wie ein Handbuch zur Selbstverteidigung für deine Würde – aber statt Karate-Bewegungen zu lernen, wirst du lernen, verbale Angriffe mit der Eleganz von jemandem zu entwaffnen, der genau weiß, wo es wehtut.

Also mach dich bereit für eine Reise durch die Kunst des intelligenten verbalen Gegenangriffs. Denn manchmal ist der beste Weg, mit einer dummen Frage umzugehen, eine Antwort, die zeigt, dass deine Freundlichkeit Grenzen hat ... und diese Grenzen sind großartig und nicht verhandelbar.

---

1. „Bist du aber dick/kahl/(irgendein anderes körperliches Merkmal) geworden!"
A/ „So perfekt wie immer."
Diese Art von Kommentar zielt darauf ab, zu beschämen oder ein schlechtes Gefühl zu erzeugen, indem ein körperliches Merkmal negativ hervorgehoben wird. Die

Antwort vermittelt Sicherheit und weicht dem Angriff mit einer Dosis Selbstvertrauen aus, die keine Diskussion zulässt. Indem du dich als „perfekt" definierst, machst du klar, dass es nichts zu ändern oder zu hinterfragen gibt – die Kritik wird entwaffnet, ohne auf die Konfrontation einzugehen.

2. „Und warum gefällt dir das / hast du das gemacht / hast du das gewählt?"
A/ „Weil ich es kann."
Hier werden persönliche Entscheidungen mit der Absicht hinterfragt, Geschmack oder Entscheidungen anzuzweifeln oder zu kritisieren. Die kurze und bestimmte Antwort signalisiert, dass du keine Erklärungen abgeben oder deine Entscheidungen rechtfertigen musst. Die Bestimmtheit blockiert die Diskussion und errichtet eine Barriere gegen den Versuch, deine Autonomie infrage zu stellen.

3. „Und wozu soll das gut sein?"
A/ „Damit du dich das fragst."
Diese Frage urteilt geringschätzig über persönliche Vorlieben oder Geschmäcker und insinuiert, dass sie keinen Wert oder Nutzen haben. Die ironische Wendung in der Antwort wirft die Last der Frage an den Fragenden zurück und macht deutlich, dass sie unnötig ist. Außerdem zeigt sie, dass du kein Interesse hast, deine Motive zu rechtfertigen – weil du sie niemandem erklären musst.

4. „Und schämst du dich nicht?"

A/ „Sollte ich?"

Das Ziel dieser Frage ist es, eine Handlung oder Entscheidung zu verurteilen, um Schuld oder Unbehagen zu erzeugen. Indem du mit einer Gegenfrage antwortest, die den Gesprächspartner an seinen eigenen Werten zweifeln lässt, erzeugst du eine unangenehme Pause. Dieser rhetorische Konter lädt dazu ein, die Berechtigung zu hinterfragen, sich für etwas zu schämen, das für dich offensichtlich nicht beschämend ist.

---

5. „Warum versuchst du es nicht mal anders?"

A/ „Wenn ich wollte, hätte ich es längst getan."

Die implizite Unterstellung hier ist, dass die aktuelle Vorgehensweise unzureichend ist und Fähigkeiten oder Urteilsvermögen infrage stellt. Die Antwort macht klar, dass deine Wahl beabsichtigt ist und keine Korrektur braucht. Indem du sagst, dass du es längst geändert hättest, wenn du wolltest, vermittelst du Autorität über deine Entscheidungen und schließt die Tür für ungebetene Vorschläge.

---

6. „Glaubst du wirklich, dass das funktionieren wird?"

A/ „Das hoffe ich. Wir werden sehen."

Zweifel an der Realisierbarkeit einer Idee oder Handlung zu säen, ist ein Versuch zu entmutigen oder zu diskreditieren. Mit einem festen und neutralen Ton vermeidet diese Antwort, in den Zweifel zu fallen, den der Gesprächspartner installieren will, ohne dabei Unsicherheit zu zeigen. Du machst klar, dass du dir des möglichen Ergebnisses bewusst bist und gibst ihm gleichzeitig nicht die Genugtuung, dich zu verunsichern.

7. „Glaubst du nicht, dass du es besser machen könntest?"

A/ „Sicher, aber ich genieße die Aussicht von hier unten."

Die Antwort entwertet die indirekte Kritik, die Unzulänglichkeit in den Bemühungen unterstellt, und zeigt, dass die Person sich von der vermeintlichen „Verbesserung" nicht beeindrucken lässt. Sie macht klar, dass externe Kritik weder den Standard noch den Einsatz beeinflusst.

8. „Wie bist du darauf gekommen?"

A/ „Deine Inspiration, nehme ich an."

Das Hinterfragen von Intelligenz oder Urteilsvermögen zielt darauf ab zu destabilisieren. Diese Antwort lenkt die Frage mit einem Ton zurück, der subtil andeutet, dass die andere Person die Entscheidung möglicherweise nicht versteht – und sogar der Grund für den „Fehler" sein könnte. So behält sie die Kontrolle, ohne sich auch nur ansatzweise zu rechtfertigen.

9. „Bist du sicher, dass das die beste Wahl ist?"

A/ „Ohne Zweifel. Und ich weiß es an deinem Gesichtsausdruck."

Der Zweifel an einer Entscheidung zielt darauf ab, Unsicherheit zu erzeugen. Aber die Antwort bekräftigt nicht nur die Sicherheit in der Entscheidung, sondern verwandelt auch den Zweifel der anderen Person in eine ironische „Bestätigung". Sie vermittelt unerschütterliches Selbstvertrauen und lässt die andere Person unsicherer erscheinen.

10. „Machst du dir keine Sorgen, wie sich das auswirken könnte?"

A/ „Klar, aber genau das ist ja das Spannende!"

Hier wird versucht, Schuldgefühle zu erzeugen, indem potenzielle negative Konsequenzen impliziert werden. Aber die Antwort bricht mit jeder Schuld, indem sie mit einem Hauch herausfordernder Unbekümmertheit antwortet. Sie zeigt eine selbstsichere Haltung, bereit, die Konsequenzen zu tragen, ohne Zeit mit Zweifeln zu verschwenden.

11. „Warum machst du nicht einfach, was alle anderen machen?"

A/ „Ich verpasse gern die Klassiker."

Der Druck, sich anzupassen und der Mehrheit zu folgen, ist in dieser Frage offensichtlich. Aber die Antwort signalisiert, dass das, was „alle" tun, nicht von Interesse ist – als wäre die Frage langweiliger als jede „Norm". Sie betont die Unabhängigkeit und zeigt, dass gegen den

Strom zu schwimmen etwas ist, das man genießt, nicht erleidet.

12. „Findest du nicht, dass das ein bisschen übertrieben ist?"

A/ „Bescheidenheit liegt mir nicht so."

Etwas als „übertrieben" zu bezeichnen, zielt darauf ab, Zweifel oder Scham zu erzeugen. Aber die Antwort im fast stolzen Ton gibt zu verstehen, dass diese Intensität nicht nur beabsichtigt, sondern charakteristisch ist. Sie rahmt die Handlung als persönliches Markenzeichen, das weder Erlaubnis noch Entschuldigungen braucht.

13. „Wie bist du zu diesem Schluss gekommen?"

A/ „Mit derselben Methode, mit der du fragst."

Den Denkprozess zu hinterfragen, ist eine Form, die Intelligenz anzugreifen. Die Antwort dreht den Zweifel im selben Ton um und suggeriert, dass die andere Person keine Autorität über die Denkweise hat. Sie bewahrt das Geheimnis und wehrt jeden Versuch ab, in die mentalen Prozesse einzudringen.

14. „Warum bestehst du darauf, es so zu machen?"

A/ „Weil Wiederholung funktioniert. Schau uns an."

Das Beharren auf einer Methode zu kritisieren, ist ein Versuch zu diskreditieren. Die Antwort greift die Wiederholung als ironisches Konzept auf und insinuiert, dass die andere Person ebenfalls ihre Fragen wiederholt

– vielleicht ohne Erfolg. Sie gibt zu verstehen, dass, wenn jemand etwas überdenken sollte, es sicher nicht der Antwortende ist.

15. „Was passiert, wenn es nicht so läuft, wie du erwartest?"

A/ „Dann läuft es so, wie du es erwartet hast."

Der Zweifel am Erfolg zielt darauf ab, Unsicherheit über die Handlung zu erzeugen. Aber die Antwort suggeriert, dass die Person unabhängig vom Ergebnis bereits vorbereitet ist. Sie impliziert, dass Risiko und Erfolg ihre Sache sind – aber wenn es schiefgeht, wäre das keine Überraschung. Die Kritik verliert ihre Wirkung, wenn die andere Person unerschütterlich gegenüber dem Scheitern erscheint.

16. „Warum suchst du dir nicht eine andere Alternative?"

A/ „Diese hier sieht einfach zu unterhaltsam aus."

Andere Optionen vorzuschlagen, insinuiert, dass die aktuelle unzureichend ist. Aber die Antwort gibt zu verstehen, dass die Kontrolle über die Wahl besteht und andere Optionen aus Präferenz verworfen wurden, nicht aus mangelndem Urteilsvermögen. Sie betont, dass die Wahl beabsichtigt ist, nicht das Ergebnis eines „schlechten" Prozesses.

17. „Findest du nicht, dass das ein bisschen kompliziert ist?"

A/ „Ja, aber es ist eine Art Spaß, die nur wenige verstehen."

Etwas als „kompliziert" zu bezeichnen, suggeriert, dass es unnötig schwierig ist. Aber die Antwort nimmt der Komplexität jede negative Last und präsentiert sie als etwas Exklusives und damit Wertvolleres. Indem sie anerkennt, dass „nur wenige verstehen", verwandelt sie die Kritik in eine Bestätigung der eigenen Fähigkeit und Vorliebe für Herausforderungen.

18. „Warum probierst du nicht mal was anderes?"
A/ „Wozu, wenn das hier schon funktioniert?"

Das Fehlen von Vielfalt oder Flexibilität zu kritisieren, ist hier das Ziel. Aber die Antwort entwaffnet die Kritik, indem sie andeutet, dass dem Fragenden der praktische Weitblick fehlt. Indem sie die Funktionalität betont, wird der Wert der aktuellen Entscheidung verstärkt und klargemacht, dass Veränderung um der Veränderung willen nicht unbedingt ein Fortschritt ist.

19. „Wie rechtfertigst du diese Entscheidung?"
A/ „Mit denselben Daten, die du ignoriert hast."

Die Moral oder Logik einer Entscheidung zu hinterfragen, zielt darauf ab zu destabilisieren. Aber hier wird zu verstehen gegeben, dass der Fragende uninformiert ist, was die Kritik präzise zurückgibt. Die Implikation, dass sie etwas übersehen haben, bringt sie in die Defensive und verhindert, dass die Infragestellung weitergeht.

20. „Warum setzt du nicht andere Prioritäten?"

A/ „Weil diese mir bereits Ergebnisse bringen."

Diese Frage impliziert ein schlechtes Prioritätenmanagement. Aber die Antwort minimiert den „Vorschlag" und bekräftigt, dass die Ergebnisse die aktuelle Wahl rechtfertigen, und macht klar, dass jede Änderung unnötig wäre. Es ist eine elegante Art zu sagen: „Meine Prioritäten sind besser, als du glaubst."

21. „Was hält dich davon ab, dich zu verbessern?"

A/ „Dasselbe, was dich davon abhält, es zu verstehen."

Eine vermeintliche mangelnde Entwicklung oder Anstrengung zu kritisieren, ist hier der Zweck. Aber so zu antworten, stellt die mangelnde Verbesserung und das mangelnde Verständnis des Fragenden auf dieselbe Stufe und suggeriert, dass er vielleicht nicht in der Position ist, diesen Rat zu geben. Die Antwort zeigt, dass die vermeintliche „Stagnation" eine Fehlwahrnehmung ist.

22. „Warum berücksichtigst du nicht die möglichen Nachteile?"

A/ „Weil ich lieber auf Ergebnisse setze."

Nachlässigkeit in der Planung zu unterstellen, ist das Ziel dieser Frage. Aber die Antwort reagiert auf die Kritik, ohne irgendetwas zu rechtfertigen, und lenkt auf den Wert konkreter Erfolge. Die Andeutung ist, dass der Fragende sich auf Probleme konzentriert, während du hingegen Ergebnisse produzierst.

23. „Warum passt du dich nicht an die Veränderungen an?"

A/ „Weil ich mich an das anpasse, was zählt."

Widerstand gegen Veränderung zu kritisieren, zielt darauf ab zu destabilisieren. Aber hier liegt der Fokus auf der Selektivität und gibt zu verstehen, dass nur bedeutsame Veränderungen Aufmerksamkeit verdienen. Es impliziert, dass der Fragende ohne klaren Grund wechselt, während du ein definiertes Kriterium hast.

24. „Fühlst du dich nicht überfordert?"

A/ „Interessant, dass du es bist."

Unfähigkeit im Umgang mit Verantwortlichkeiten zu unterstellen, ist ein klarer Angriff. Diese Antwort lenkt das Unbehagen auf den Fragenden zurück und deutet an, dass das Problem in dessen Wahrnehmung oder eigenem Management liegen könnte. Sie verstärkt die Idee, dass du die Kontrolle hast.

25. „Warum hast du nicht vorher daran gedacht?"

A/ „Weil ich mich darauf konzentriert habe, es zuerst zu tun."

Mangelnde Voraussicht oder Intelligenz zu kritisieren, ist hier das Ziel. Aber die Antwort hebt hervor, dass Umsetzung wertvoller ist als bloße Planung. Sie erinnert daran, dass Denken nicht ausreicht, wenn es nicht in Ergebnisse umgesetzt wird – und deutet an, dass der Fragende dem Theoretischen zu viel Bedeutung beimisst.

26. „Warum konzentrierst du dich nicht auf das Wesentliche?"

A/ „Weil manche Details auch wichtig sind."

Diese Frage unterstellt Zerstreuung oder mangelnde Konzentration. Aber die Antwort gibt die Kritik zurück, indem sie die Wichtigkeit von Nuancen hervorhebt und suggeriert, dass der Fragende nur einen Teil des Bildes sieht. Es ist eine subtile Art, daran zu erinnern, dass Komplexität auch Wert hat.

27. „Warum setzt du nicht bessere Prioritäten?"

A/ „Weil mir so nichts entgeht."

Schlechtes Zeit- oder Ressourcenmanagement zu implizieren, ist der Zweck dieser Frage. Aber die Antwort suggeriert, dass der Fragende den Unterschied zwischen Priorisieren und Weglassen nicht versteht. Zu betonen, dass „nichts entgeht", impliziert eine effektive Organisation, die andere einfach nicht sehen können.

28. „Was erwartest du damit zu erreichen?"

A/ „Genug, damit du es bemerkst."

Die Effektivität oder den Zweck einer Handlung zu hinterfragen, zielt darauf ab zu destabilisieren. Aber diese Antwort ist effektiv, weil sie die Frage in einen Beweis für den Erfolg oder die Sichtbarkeit deiner Leistungen verwandelt. Sie betont, dass du bereits einen Eindruck hinterlässt, was den Zweifel des Fragenden minimiert.

29. „Warum vereinfachst du die Dinge nicht?"
A/ „Weil es der einzige Weg ist, es richtig zu machen."
Unnötige Komplikation zu kritisieren, ist hier das Ziel. Aber dies ist eine subtile Erinnerung, dass Komplexität notwendig ist, wenn man Exzellenz anstrebt. Die Antwort deutet an, dass, wer Vereinfachung fordert, wahrscheinlich die Notwendigkeit von Detail in Qualitätssituationen nicht versteht.

30. „Was hält dich davon ab voranzukommen?"
A/ „Nichts, was du bemerken könntest."
Stagnation oder mangelnde Initiative zu implizieren, ist ein klarer Angriff. Aber diese Antwort weicht der Kritik mit einer Erklärung von Unabhängigkeit und Sicherheit aus und gibt zu verstehen, dass jede „Bremse" so subtil ist, dass sie für andere nicht erkennbar ist.

31. „Warum schließt du dich nicht den anderen an?"
A/ „Warum sollte ich ihnen folgen?"
Diese Frage kritisiert Ausgrenzung oder mangelnde Teilnahme. Aber diese Wendung gibt die Frage zurück und lädt zur Reflexion ein, ob blindes Folgen „der anderen" so wertvoll ist, wie sie annehmen. Sie lenkt die

Aufmerksamkeit ab und suggeriert, dass man selbst zu sein dem „Anschließen" überlegen ist.

32. „Warum machst du nicht etwas Produktives?"

A/ „Erscheint mir genauso produktiv wie deine Fragen."

Müßiggang oder Wertlosigkeit zu unterstellen, ist das Ziel dieser Infragestellung. Hier ist Sarkasmus der Schlüssel. Antworte, als wäre die Frage selbst ein Beispiel für „Unproduktivität", und mach klar, dass die Kritik leer und fehlgeleitet ist.

33. „Warum machst du nicht mehr Sport?"

A/ „Bei meinem Tempo brauche ich das nicht."

Implizit kritische Kommentare über Gesundheitsgewohnheiten zielen darauf ab zu beschämen. Aber die Antwort ist fast abweisend: Nichts „Zusätzliches" ist nötig, weil die Person bereits mit sich zufrieden ist. Sie hebt eine positive Selbstwahrnehmung hervor, ohne zusätzliche Anstrengung zu brauchen – was das Urteil der Frage widerlegt.

34. „Warum wohnst du immer noch bei deinen Eltern?"

A/ „Ich verstehe mich gut mit ihnen. Und du?"

Unabhängigkeit oder persönliche Reife zu kritisieren, ist hier das klare Ziel. Aber die Antwort lenkt die Frage auf die familiären Bindungen des Fragenden um und entwaffnet die Kritik an der Unabhängigkeit. Sie lässt das mögliche Unbehagen des anderen in der Luft hängen, ohne das eigene zu offenbaren oder zu rechtfertigen.

35. „Warum wählst du immer das Einfache?"

A/ „Weil ich es zum Laufen bringe."

Die Implikation mangelnder Anstrengung oder Ambition ist in dieser Frage klar. Aber die Antwort interpretiert „das Einfache" als etwas Beabsichtigtes und Effektives um. Sie impliziert, dass, wer das Einfache wählt, pragmatisch ist, und hebt die Fähigkeit und Kontrolle des Antwortenden gegenüber der vermeintlichen „Bequemlichkeit" hervor.

36. „Warum probierst du nicht etwas Interessanteres?"

A/ „Definiere interessant."

Mangelnde Kreativität oder Begeisterung zu kritisieren, ist hier das Ziel. Aber die Bitte, „interessant" zu definieren, wirft die Verantwortung für diese subjektive Kritik zurück und zwingt den anderen zur Reflexion, wodurch die implizite Anschuldigung zerlegt wird.

37. „Warum gönnst du dir nicht mal eine Pause von der vielen Arbeit?"

A/ „Weil ich mich ohne deine Ratschläge besser erhole."

Die implizite Unterstellung von zu viel Arbeit oder mangelndem Gleichgewicht zielt darauf ab zu destabilisieren. Aber diese Antwort suggeriert, dass der ungebetene Rat aufdringlich ist und dass Erholung, Gleichgewicht oder persönliche Gesundheit gut abgedeckt sind. Sie bewahrt ein abweisendes Selbstvertrauen gegenüber dem „besorgten" Ratgeber.

38. „Warum suchst du dir nicht einen besseren Job?"

A/ „Weil dieser perfekt für mich ist."

Die aktuelle berufliche Zufriedenheit zu kritisieren, ist ein Versuch, Zweifel zu erzeugen. Aber diese Antwort verstärkt die Idee, dass der aktuelle Job genau das ist, was die Person will. Sie suggeriert vollständige Zufriedenheit und gibt dem Gesprächspartner zu verstehen, dass eine Meinung dazu unnötig und sinnlos ist.

39. „Warum versuchst du nicht etwas Herausforderderes?"

A/ „Wozu, wenn mir das hier reicht?"

Die Implikation übermäßiger Bequemlichkeit oder mangelnder Ambition ist hier klar. Aber die Antwort ist die von jemandem, der findet, dass seine aktuelle Tätigkeit bereits genügt. Sie vermittelt ruhige Überlegenheit und lässt die Frage als Kommentar von jemandem erscheinen, der grundlos unterschätzt.

40. „Warum engagierst du dich nicht mehr in der Gemeinschaft?"

A/ „Ich beobachte lieber aus der Ferne."

Mangelnde soziale Beteiligung zu kritisieren, ist das Ziel dieser Frage. Aber die Antwort spiegelt eine bewusste persönliche Entscheidung wider und zeigt die Unabhängigkeit des Individuums, indem es Distanz wahrt – sie suggeriert, dass Engagement für jemanden seines Kalibers nicht notwendig ist.

---

41. „Warum versuchst du nicht, positiver zu sein?"

A/ „Ich bin lieber realistisch."

Negativität oder Pessimismus zu unterstellen, zielt darauf ab, emotional zu destabilisieren. Aber diese Antwort definiert die „Negativität" als Realismus um, entwaffnet das emotionale Argument und lässt durchblicken, dass der Gesprächspartner Optimismus mit Oberflächlichkeit verwechselt.

---

42. „Warum bist du immer so negativ?"

A/ „Warum versuchst du nicht mal einen anderen Ansatz?"

Die Einstellung einer Person direkt zu kritisieren, ist ein klarer Angriff. Aber die Antwort lässt die „Negativität" als Wahrnehmungssache stehen und suggeriert, dass, wenn es ein Problem gibt, es das des anderen ist. Sie gibt das „Problem" an seinen Ursprungsort zurück und lenkt die Aufmerksamkeit vom Kritisierten auf den Kritiker.

43. „Warum trittst du nicht irgendeinem Verein oder Club bei?"

A/ „Ich sehe keine Notwendigkeit, die Masse zu vergrößern."

Diese Frage kritisiert Isolation oder mangelnde Sozialisierung. Aber die Antwort entkräftet die Annahme, dass Sozialisierung in der Gruppe eine Notwendigkeit oder Errungenschaft ist. Indem sie andeutet, dass einem Club beizutreten „die Masse vergrößern" bedeutet, gibt sie zu verstehen, dass keine Gesellschaft nötig ist, um den eigenen Wert zu bestätigen – sie projiziert Unabhängigkeit.

44. „Warum versuchst du nicht, effizienter zu sein?"

A/ „Weil ich schon mehr als genug leiste."

Ineffizienz oder mangelnde Produktivität zu unterstellen, ist hier das klare Ziel. Aber die Antwort ist bestimmt: Sie macht klar, dass der Beitrag bereits bedeutend ist und jeder Vorschlag zur „Verbesserung" irrelevant ist. Mit einem einzigen Satz wird die Unterstellung diskreditiert und die Wahrnehmung des anderen als falsch eingestuft.

45. „Glaubst du nicht, dass du deine Zeit verschwendest?"

A/ „Ach, hast du etwa zu viel davon?"

Die persönliche Zeitnutzung zu beurteilen, ist eine Form des Angriffs. Aber statt sich zu verteidigen, gibt diese

Antwort den Druck an den Fragenden zurück und hinterfragt dessen Autorität, fremde Zeit zu bewerten. Indem sie den Fokus auf die Zeit der anderen Person lenkt, suggeriert sie, dass die Frage aufdringlich ist.

46. „Warum machst du nicht etwas Sinnvolles mit deinem Leben?"

A/ „Weil ich es gerade genieße."

Die Richtung oder den Sinn des Lebens eines Menschen zu kritisieren, ist ein sehr persönliches Urteil. Mit dieser Antwort wird die Idee von „Nutzen" neu definiert. „Genießen" wird zum zentralen Zweck und vermeidet jede Notwendigkeit von Rechtfertigung oder externer Bestätigung über die Art zu leben.

47. „Findest du nicht, dass du ziemlich verpeilt bist?"

A/ „Nur wenn ich Unwichtiges höre."

Mangelnde Aufmerksamkeit oder Verantwortung zu unterstellen, ist eine Form des Angriffs. Aber diese Antwort strukturiert die vermeintliche „Verpeilung" in einen selektiven Akt um: Der Mangel an Aufmerksamkeit ist kein Defekt, sondern eine Entscheidung gegenüber dem, was als irrelevant erachtet wird. Indem sie die Wichtigkeit des Gesagten anzweifelt, gibt sie zu verstehen, dass die Aufmerksamkeit gut gerichtet ist.

48. „Warum hörst du nicht auf zu prokrastinieren?"

A/ „Selbst dafür habe ich einen Plan."

Mangelnde Produktivität zu kritisieren, ist hier das klare Ziel. Aber die Antwort nimmt den Begriff „prokrastinieren" und gibt ihm eine unerwartete Wendung, indem sie zeigt, dass alles, selbst die Pausen, einer persönlichen Struktur folgt. Indem sie die Prokrastination als „Plan" bezeichnet, neutralisiert sie jede Kritik.

49. „Glaubst du nicht, dass es dir an Reife fehlt?"
A/ „Danke, ich nehme das als Kompliment."

Den Reifegrad einer Person zu beurteilen, ist ein direkter Angriff. Aber statt beleidigt zu sein oder sich zu rechtfertigen, nimmt die Antwort die Kritik als Schmeichelei an und nimmt jedem Hinweis auf „Unreife" die Kraft, während sie den Kommentar mit Eleganz zurückgibt. Diese Wendung entwaffnet die Frage und lässt erkennen, dass der Antwortende nicht die Dringlichkeit verspürt, fremden Erwartungen zu entsprechen.

50. „Warum machst du immer alles so kompliziert?"
A/ „Das ist meine Art, mich zu unterhalten."

Die Tendenz zu kritisieren, unnötige Komplikationen zu erzeugen, ist das Ziel dieser Frage. Aber die Antwort verwandelt die Kritik in eine Übung der Kreativität: Dinge zu verkomplizieren ist einfach eine Art, Langeweile zu vermeiden. Indem sie die Kontrolle über die Situation übernimmt und den eigenen Ansatz als unterhaltsam definiert, lässt sie erkennen, dass nichts vereinfacht werden muss, um externe Erwartungen zu erfüllen.

Anhang 2: 19 Missionen, um mit dem Nettsein aufzuhören

Jetzt ist es Zeit, dich auf die Probe zu stellen. Die Theorie ist wunderbar, aber in der Praxis siehst du erst wirklich Ergebnisse. Deshalb habe ich diese Sammlung von 19 Missionen zusammengestellt, die dir helfen werden, diesen zwanghaften Drang abzutrainieren, es allen recht zu machen – und dir ganz konkret zeigen werden, dass die Welt nicht untergeht, wenn du aufhörst, ihr ewiger Ja-Sager zu sein.

Warum nenne ich sie Missionen? Weil jede dieser Übungen eine kleine verdeckte Operation gegen deine mentale Programmierung des extremen „Gutmenschentums" ist. Es sind praktische Übungen, die dich aus deiner Komfortzone holen und dich dazu bringen werden, Verhaltensmuster zu hinterfragen, an denen du festhältst, als wären sie heilige Gebote.

Es gibt keine bestimmte Reihenfolge für diese Missionen. Du kannst mit der beginnen, die dir am wenigsten bedrohlich erscheint, oder dich direkt auf die stürzen, die dich am meisten verunsichert – schließlich war es noch nie bequem, aus der Reihe zu tanzen. Wichtig ist, dass du dir nach jeder Mission einen Moment Zeit nimmst, um über die Erfahrung nachzudenken. War es so schrecklich, wie du dir vorgestellt hast? Ist die Welt untergegangen? Gibt es keinen Grund mehr zu leben? Ist die Schuld wirklich so furchtbar, oder übertreibst du?

Wurde jemand tödlich verletzt, weil du nicht „nett" warst?

Außerdem setz dich hin und analysiere: Wie schwierig war es wirklich? Wie haben die Leute reagiert? Und das Wichtigste: Hat sich etwas Grundlegendes in deinem Leben oder in deinen Beziehungen verändert? Ich wette, du wirst feststellen, dass das Universum seinen Lauf genommen hat, dass sich die Erde weitergedreht hat, und dass authentisch zu sein, auch wenn es sich anfangs unangenehm anfühlt, viel befreiender ist, als du dachtest.

Diese Missionen sind ein regelrechtes Labor für Authentizität. Sie sind deine Gelegenheit, am eigenen Leib zu erfahren, dass du nicht die ständige Zustimmung anderer brauchst, um zu existieren, dass Grenzen setzen dich nicht zu einem schlechten Menschen macht, und dass wahre Freiheit beginnt, wenn du aufhörst, für die Zufriedenheit anderer zu leben.

Bereit anzufangen? Wähle deine erste Mission und mach dich bereit zu entdecken, dass weniger nett und authentischer zu sein nicht nur möglich ist, sondern außerdem ungemein befreiend.

MISSION 1: Heute wirst du nicht duschen. Du gehst ungeduscht und unrasiert zur Arbeit. Du wirst es nicht ausdrücklich erwähnen oder irgendjemandem sagen, dass du dich nicht gewaschen hast, aber 24 Stunden lang wirst du nicht duschen.

MISSION 2: Heute wirst du dich bei zwei Gelegenheiten taub stellen. Das heißt, du wirst so tun, als hättest du absichtlich nicht gehört. Jemand wird dir etwas sagen, und du wirst nicht antworten, nicht hinschauen, dich nicht umdrehen, nichts. Du wirst deine eigene Stille beobachten und den Drang kontrollieren, höflich zu sein. Wenn sie dich erneut ansprechen, wirst du nicht „Entschuldigung" sagen oder rechtfertigen, dass du nicht gehört hast – du wirst dich einfach umdrehen und „Ja bitte?" sagen, damit sie wiederholen, was du ignoriert hast.

MISSION 3: An diesem Tag wirst du kein Gespräch von dir aus beginnen; du lässt alles von selbst auf dich zukommen. Du wirst keine Stille füllen, und wenn du etwas brauchst, wirst du nicht danach fragen, sondern es feststellen. Zum Beispiel: Statt zu sagen „Wo sind die Berichte von ...?", wirst du sagen „Ich brauche die Berichte von ...". Wenn man dich fragt, ob etwas los ist, antwortest du immer mit „Überhaupt nicht".

MISSION 4: Dies ist eine Mission, die du über mehrere Tage verteilen musst. Du musst es schaffen, an mehreren aufeinanderfolgenden Tagen 5 Ablehnungen ohne Erklärungen zu geben. Wenn du an einem Tag zweimal „NEIN" gesagt hast, zähle dir zwei Punkte an;

wenn du am nächsten Tag drei Ablehnungen gibst, zähle dir drei weitere Punkte an, und du hast die 5 Punkte erreicht. Aber wenn du an einem Tag keine einzige Ablehnung gibst, musst du wieder bei 0 anfangen. Denk daran: Es zählen nur die „NEINs" zu Bitten, die an dich gerichtet werden.

MISSION 5: Heute wirst du etwas essen, das du normalerweise aus Angst vor dem Gerede der Leute vermeiden würdest. Bestell dir diesen fettigen Burger, dieses kalorienreiche Dessert oder dieses exotische Gericht. Iss mit Genuss, ohne Ausreden oder Erklärungen. Wenn jemand etwas dazu sagt, sag einfach „Ich hatte Lust drauf" und genieße weiter.

MISSION 6: Irgendwann im Laufe des Tages äußere eine unpopuläre Meinung. Sie muss nicht beleidigend sein, nur etwas, dem die Mehrheit nicht zustimmen würde. Bleib standhaft bei deiner Position, gib dem Druck nicht nach, zu gefallen oder zurückzurudern. Wenn man dich hinterfragt, sag ruhig „Das ist meine Meinung, sie muss dir nicht gefallen".

MISSION 7: Heute, wenn jemand dich um Hilfe bei einer Aufgabe bittet, wirst du „Kann ich nicht" sagen, ohne irgendeine Erklärung anzubieten. Es spielt keine Rolle, ob du Zeit hast oder nicht – sag einfach „Kann ich nicht" und beobachte, wie sie reagieren. Widerstehe dem Drang, dich zu rechtfertigen oder irgendeinem Druck nachzugeben. Die Antwort ist „Kann ich nicht", Punkt. Diese Mission zählt nicht als Punktzahl für Mission 4.

MISSION 8: Diese Mission ist erst erfüllt, wenn du absichtlich jemanden einen Fehler machen lässt. Es geht nicht darum, ihn zum Fehler zu verleiten, sondern ihn tun zu lassen, was er tun will, auch wenn du weißt, dass es schiefgehen wird. Wenn du siehst, wie ein Kollege einen Fehler begeht oder ein Freund dabei ist, eine schlechte Entscheidung zu treffen, widerstehe dem Impuls einzugreifen oder zu korrigieren. Beobachte, wie sich die Situation entwickelt, ohne dich einzumischen. Denk daran: Jeder ist für seine eigenen Handlungen verantwortlich.

MISSION 9: Heute wirst du in mindestens einer Interaktion absichtlich langsamer sprechen als normal. Nimm dir Zeit zum Antworten, mach Pausen zwischen den Sätzen. Wenn du Ungeduld bei deinem Gesprächspartner bemerkst, werde nicht schneller. Behalte dein Tempo bei, werde zum Herrn deiner Worte und deines Rhythmus.

MISSION 10: An diesem Tag wirst du ein offensichtliches Problem ansprechen, das alle vermeiden zu erwähnen. Sei direkt und bestimmt, ohne Umschweife.

MISSION 11: An diesem Tag wirst du während all deiner Gespräche Blickkontakt halten. Tatsächlich wirst du versuchen, dir die Augenfarbe von mindestens fünf deiner Gesprächspartner zu merken. Weiche dem Blick nicht aus Schüchternheit oder Unbehagen aus. Halte einen festen und freundlichen Blick, auch wenn das Thema intensiv wird. Dein Blick kommuniziert Sicherheit und Engagement in der Interaktion.

MISSION 12: Heute wirst du dich in jeder Situation, die Sitzplätze beinhaltet, in die vorderste Reihe setzen (ein Kurs, eine Konferenz, öffentliche Verkehrsmittel usw.). Versteck dich nicht hinten. Beanspruche deinen Platz und deine Präsenz. Wenn du Blicke spürst, denk daran: Du bist genau da, wo du sein sollst.

MISSION 13: An diesem Tag wirst du ein Gespräch mit einem völlig Fremden beginnen. Es kann in der Schlange im Supermarkt sein, im Aufzug oder an jedem anderen Ort. Mach eine beiläufige Bemerkung oder ein aufrichtiges Kompliment. Das Ziel ist nicht, eine tiefe Freundschaft zu schließen, sondern zu üben, Interaktionen ohne Angst vor Ablehnung zu initiieren.

MISSION 14: Heute wirst du bei mindestens einer Gelegenheit „Ich verstehe nicht" sagen, wenn dir jemand etwas erklärt. Tu nicht so, als würdest du verstehen, aus Angst, dumm zu wirken. Bitte um Klarstellung, ohne dich zu entschuldigen – auch wenn du vollständig verstanden hast. Nach der Erklärung, selbst wenn du es bereits verstanden hast und es allen klar ist, wirst du erneut sagen „Ich verstehe es immer noch nicht". Wenn sie dir den Ball zurückspielen und fragen „Was genau verstehst du nicht?", wirst du wiederholen „Ich möchte absolute Klarheit über die ganze Sache haben". Es ist egal, ob sie theatralische Gesten machen, andeuten, dass du begriffsstutzig bist, was auch immer. Es ist eine Inszenierung – rechtfertige sie nicht, nimm dieses Unbehagen an und die Macht zu wissen, dass du fragen kannst, was du willst, und dich nicht mit einer einzigen Antwort zufriedengeben musst.

MISSION 15: An diesem Tag wirst du eine andere Route zu deinem gewohnten Ziel nehmen (Arbeit, Zuhause usw.). Erkunde einen neuen Weg, auch wenn er länger dauert. Erlaube dir das Abenteuer, dich ein bisschen zu verirren. Wenn jemand deine Route hinterfragt, sag einfach „Ich wollte mal was anderes sehen".

MISSION 16: Heute wirst du eine Verabredung in letzter Minute absagen. Es spielt keine Rolle, ob es ein Date, ein Meeting oder ein Treffen mit Freunden ist. Teile einfach mit, dass du nicht kommen kannst, ohne ausführliche Entschuldigungen zu geben. Wenn sie dich unter Druck setzen, wiederhole „Es ist etwas dazwischengekommen" und beende das Gespräch ohne weitere Erklärungen.

MISSION 17: Diese Mission ist erfüllt, wenn du jemanden offen mit einem „Das interessiert mich nicht" unterbrichst, wenn es um ein Thema geht, das dich langweilt, das irrelevant ist oder das einfach Kritik oder geteilte Toxizität darstellt. Wenn sie dich anrufen, um dir Dienstleistungen anzubieten oder dir ohne deine Zustimmung etwas zu verkaufen, ist das die perfekte Gelegenheit. Tu nicht aus Höflichkeit so, als wärst du interessiert, gib keine emotionale Unterstützung. Wenn sie dich unter Druck setzen, wiederhole einfach „Das interessiert mich wirklich nicht" und wechsle das Thema.

MISSION 18: Heute wirst du einen Artikel in einem Geschäft kaufen (etwas nicht Teures, und du bezahlst bar) und ihn nach 10 Minuten zurückgeben. Du wirst es allein wegen des Gefühls tun, dass du mit dem Kassenbon und ohne den Artikel geöffnet oder benutzt zu haben, das Recht hast, ihn zurückzugeben. Wenn sie dich fragen „Warum gibst du es zurück?", einfach weil du deine Meinung geändert hast. Beachte die Rückgabebedingungen des Geschäfts, bevor du diese Mission durchführst – es geht nicht darum, ein Recht durchzusetzen, sondern darum, dass du dich nicht schämst, es wahrzunehmen.

MISSION 19: Diese Mission ist erfüllt, wenn du auf ein Kompliment einfach mit „Ich weiß" antwortest, statt mit deiner üblichen bescheidenen Antwort. Spiele deine Leistungen oder Qualitäten nicht herunter. Nimm die Anerkennung an, ohne dich verpflichtet zu fühlen, das Kompliment zu erwidern oder deinen Erfolg herunterzuspielen.

Beispiel: „Hey, aber wie elegant du aussiehst!" – „Ich weiß."

Oder: „Das ist dir wirklich gut gelungen" – „Ich weiß."

Anhang 3: Die 10 Gebote wahrhaft authentischer Menschen

Im Laufe dieses Buches haben wir die Kunst erkundet, nicht mehr übermäßig nett zu sein und stattdessen unsere eigenen Bedürfnisse in den Vordergrund zu stellen. Wir haben darüber gesprochen, Grenzen zu setzen, ohne Schuldgefühle „NEIN" zu sagen, die Verantwortung für die Emotionen anderer loszulassen und unsere Authentizität zu umarmen. Aber wie nennt man diejenigen, die diese Kunst beherrschen? Wie bezeichnet man diese mutigen Menschen, die es wagen, nach ihren eigenen Regeln zu leben, ohne dem Joch zu erliegen, es allen recht machen zu wollen?

Die Antwort ist einfach: Diese Menschen sind wahrhaft authentisch. Es sind Menschen, die beschlossen haben, sich selbst über alles treu zu bleiben. Es geht nicht um Egoismus oder mangelnde Rücksichtnahme auf andere, sondern um einen tiefen Respekt vor der eigenen Wahrheit und dem eigenen Wohlbefinden.

Diese authentischen Menschen verstehen, dass sie nicht alles für alle sein können. Sie wissen, dass der Versuch, es ständig allen recht zu machen, ein Rezept für Erschöpfung und Verbitterung ist. Stattdessen haben sie gelernt, auf ihre innere Stimme zu hören und ihre eigenen Bedürfnisse und Wünsche zu ehren.

Aber Achtung: Authentisch zu sein bedeutet nicht, gefühllos oder respektlos zu sein. Wahrhaft Authentische trampeln nicht auf anderen herum, um ihre Authentizität zu wahren. Im Gegenteil – sie verstehen, dass Selbstachtung und Respekt vor anderen Hand in Hand gehen. Sie wissen, dass sie sich selbst treu bleiben können, ohne die Menschen um sie herum herabzusetzen oder zu verletzen.

Ich möchte dir hier vorstellen, was ich „Die 10 Gebote wahrhaft authentischer Menschen" genannt habe. Es sind zehn Lebensweisen, die auf selbstbewusste Art alles ergänzen, was wir auf diesen Seiten gezeigt haben.

Wahrhaft authentische Menschen ...

1. Schweigen mehr, als sie reden. Authentische Menschen wissen, dass Weisheit nicht darin besteht, ständig draufloszuplappern, sondern aufmerksam zuzuhören. Sie müssen nicht jede Stille mit leeren Worten füllen. Ihre Präsenz spricht für sich.

2. Umarmen ihre Unwissenheit. So brillant sie auch sein mögen – authentische Menschen verstehen, dass es immer mehr zu lernen gibt. Sie tun nicht so, als hätten sie alle Antworten, sondern erfreuen sich an der ständigen Suche nach Wissen.

3. Geben nicht an. Authentische Menschen müssen nicht mit ihren Erfolgen oder Fähigkeiten prahlen. Sie lassen ihre Arbeit und ihre Integrität für sich sprechen, ohne Tamtam und Getöse. Ihr Selbstvertrauen kommt von innen, nicht von äußerer Bestätigung.

4. Pflegen Bescheidenheit. Auch wenn sie intelligent und fähig sind, halten sich authentische Menschen nicht für besser als andere. Sie verstehen, dass jeder Mensch seinen eigenen Wert hat und dass Arroganz nur blind macht und isoliert.

5. Setzen bei Freundschaften auf Qualität statt Quantität. Authentische Menschen haben vielleicht einen kleineren Kreis enger Freunde, weil sie sich nicht mit oberflächlichen Beziehungen zufriedengeben. Sie suchen echte Verbindungen zu Menschen, bei denen sie ohne Filter sie selbst sein können.

6. Hinterfragen mit Kühnheit. Authentische Menschen scheuen sich nicht, bohrende Fragen zu stellen, die andere vielleicht vermeiden würden. Ihre Neugier ist unstillbar, und sie geben sich nicht mit halben Antworten zufrieden. Sie forschen nach, bis sie den Dingen auf den Grund gehen.

7. Gehen Probleme direkt an. Authentische Menschen laufen vor Herausforderungen nicht davon. Sie wissen: Je früher man sich einer schwierigen Situation stellt, desto besser. Sie wollen nicht um des Kritisierens willen kritisieren, sondern Lösungen und Wachstumschancen finden.

8. Verschlingen Wissen aus verschiedensten Quellen. Für authentische Menschen geht Lernen weit über Bücher hinaus. Sie sind offen dafür, aus Erfahrungen, Gesprächen und nachdenklicher Beobachtung zu lernen. Ihr Geist hungert stets nach neuen Ideen.

9. Nehmen nichts als gegeben an. Auch wenn authentische Menschen ihre Wahrnehmung auf außergewöhnliche Weise geschärft haben, bemühen sie sich, die wahren und klaren Absichten oder Wünsche anderer zu verstehen und zu erfassen. Sie nehmen nichts persönlich und gehen auch nicht einfach von etwas aus.

10. Vermeiden unnötige Konflikte. Auch wenn sie fest in ihren Überzeugungen sind, suchen authentische Menschen keine sinnlosen Streitereien. Sie wissen ihre Kämpfe auszuwählen und verschwenden keine Energie in fruchtlosen Diskussionen. Ihre innere Sicherheit erlaubt es ihnen, sich von Toxizität zu entfernen.

Das ist das letztendliche Ziel hinter der Botschaft dieser Einladung, NICHT SO NETT ZU SEIN: authentisch zu sein. Die Authentizität, über die wir gesprochen haben, ist keine Ausrede, um zu tun, was uns beliebt, ohne die Konsequenzen zu bedenken. Sie ist eine Lebensweise, die auf Ehrlichkeit, Integrität und persönlicher Verantwortung basiert – wo Taten über jedes fade Gutmenschentum gestellt werden.

Anhang 4: Entschuldigungsformular

Verlangt jemand eine Entschuldigung von dir, die du gar nicht geben musst? Mach eine Kopie des Formulars auf der nächsten Seite und trag es bei dir. Wenn dir irgendein Idiot die Gelegenheit dazu gibt, zögere nicht, es für ihn auszufüllen und als Souvenir zu hinterlassen: „Hier hast du deine Entschuldigung, viel Spaß damit!"

ENTSCHULDIGUNGSFORMULAR

AN:

VON: **DATUM:**

BETREFF: ☐ VERHALTEN ☐ HANDLUNG
☐ WORTE ☐ UNTÄTIGKEIT

GRUND FÜR MEIN VERHALTEN:

☐ Ich hatte schlechte Laune.
☐ Ich habe nicht nachgedacht.
☐ Man hat mich dazu gezwungen.

☐ Ich dachte, das wäre eine gute Idee.
☐ Es ist halt passiert.
☐ Ich konnte nicht widerstehen.

☐ Ich habe heute meine Tabletten nicht genommen.
☐ Ich wollte dich überraschen.
☐ Ich war müde.

☐ Ich war mir nicht sicher.
☐ Ich dachte nicht, dass es dich verletzt.
☐ Ich hatte Hunger.

☐ Du hast mich dazu getrieben.
☐ Die Sterne standen ungünstig.
☐ Ich war betrunken.

☐ Ich war egoistisch.
☐ Ich musste Dampf ablassen.
☐ Ich liebe dich.

☐ Ich habe es vergessen.
☐ Ich habe ein Kindheitstrauma.
☐ Ich bin ein Idiot.

☐ Ich wusste es nicht.
☐ Ich hasse dich.
☐ _____

Dieses Formular bestätigt, dass mir bewusst ist, dass meine Worte/Taten dich verärgert/verletzt haben könnten und deshalb werde ich es ☐ **NIE WIEDER** ☐ **WIEDER** tun.

Anhang 5: Mephistophelischer Vertrag

Der Vertrag auf der folgenden Seite ist ein sarkastisches Werkzeug, um denjenigen Grenzen zu setzen, die um Gefälligkeiten bitten, ohne etwas dafür anzubieten. Mit verschlungenen Klauseln, Kleingedrucktem und kryptischen Texten verwandelt dieses Dokument jeden Gefallen in eine bürokratische Falle endloser Verpflichtungen.

Wenn das nächste Mal jemand versucht, deine Gutmütigkeit auszunutzen, reicht es, diesen Vertrag vorzulegen und mit einem Lächeln vorzuschlagen, dass er ihn unterschreibt, wenn er wirklich deine Hilfe wünscht. Seine Verwirrung wird sich bald in Entsetzen verwandeln, wenn er die labyrinthischen Klauseln erkundet – falls er überhaupt so weit kommt, sie zu lesen. Dieser Hauch von schwarzem Humor wird nicht nur die „Schnorrer" in ihre Schranken weisen, sondern dir auch einen unangreifbaren Ruf gegenüber zukünftigen Bitten verschaffen.

VERTRAG

UNFEHLBARER, UNAUSWEICHLICHER UND UNVERSTÄNDLICHER VERTRAG ÜBER DIE ERSCHÖPFENDE, ZWINGENDE, UNBESCHREIBLICHE UND NICHT VERHANDELBARE ERBRINGUNG VON ALLGEMEINEN, BESONDEREN, SPIRITUELLEN, ANLIEGENDEN, ZUSAMMENHÄNGENDEN, ZUSAMMENHANGLOSEN UND LEBENSLÄNGLICHEN DIENSTLEISTUNGEN, BESTIMMT ZUR BEFRIEDIGUNG ALLER UND JEDER EINZELNEN VERFÜGUNGEN, FORDERUNGEN, LAUNEN, UNENTZIFFERBAREN WÜNSCHE UND UNERGRÜNDLICHEN GELÜSTE DES BEWILLIGERS DES VORLIEGENDEN, IN DER ABSOLUTESTEN, UNANFECHTBARSTEN UND DRAKONISCHSTEN ALLER VOM KOSMISCHEN GESETZ UMFASSTEN GESAMTHEITEN, AUFERLEGT DURCH DAS UREIGENSTE UNAUSSPRECHLICHE WESEN DER ONTOLOGISCHEN NATUR DES SEINS, DES NICHT-SEINS, DES NIEMALS-GEWESEN-SEINS UND DES STETS-IM-BEGRIFF-STEHENS-SICH-IN-WAS-AUCH-IMMER-ZU-VERWANDELN-DAS-DEM-SUPREMEN-IN-JEDWEDEM-GEGEBENEN-ODER-NOCH-ZU-GEBENDEN-AUGENBLICK-BELIEBEN-MÖGE

ICH, ______________ (im Folgenden, im Jenseits, im Diesseits, in den Weiten des bekannten Universums und in jenen unbekannten Winkeln, wo die Vernunft sich in der Nacht der Zeiten verirrt, und für alle Wirkungen, Konsequenzen, Folgeerscheinungen, Resultate und Ableitungen legaler, illegaler, alegaler, semilegaler, quasilegaler, pseudolegaler, sublegaler, supralegaler, paralegaler, kryptolegaler und extralegaler Natur des vorliegenden Vertrags, Dokuments, Instruments, Manuskripts, Palimpsests, Pergaments, Papyrus oder jedweder anderen Form dauerhafter oder ephemerer Aufzeichnung, bezeichnet, nominiert, betitelt, signiert oder auf jedwede andere Weise referiert als **„DER UNGLÜCKSELIGE"**, **„DER BEDAUERNSWERTE"**, **„DER ARGLOSE"**, **„DER UNBESONNENE"** oder **„DAS SUBJEKT DER UNERBITTLICHEN METAPHYSISCHEN ENTRECHTUNG"**), bei vollem Gebrauch meiner geistigen Fähigkeiten (oder in deren absolutester und abgründigster Abwesenheit, je nach Fall, Tag, Stunde, Stellung der Gestirne und dem unergründlichen Ermessen des Supremen), verpflichte mich, zwinge mich, nötige mich, binde mich und fessle mich auf ewig, unterworfen der unerschütterlichen, diamantenen und uneinnehmbaren Klausel des immerwährenden, sempiternalen, atemporalen, transpersonalen und multidimensionalen Verzichts auf jedweden Rechtsbehelf, Schlupfwinkel, Abhilfe, Schutz, Zuflucht oder Vorwand moralischer, emotionaler, intellektueller, psychologischer, ontologischer, epistemischer, axiologischer, deontologischer, eschatologischer oder jedweder anderen greifbaren, ungreifbaren, irdischen, himmlischen oder höllischen Natur, die mir beistehen, mich retten, erleichtern oder trösten könnte.

Ich erkläre und konstituiere mich in freiwilliger und uneingeschränkter Knechtschaft zur totalen und unentrinnbaren Subskription, Adskription, Konskription, Unterwerfung, Submission und Subordination unter den allumfassenden Willen und die unerforschlichen Ratschlüsse **DES SUPREMEN**, ohne Hoffnung auf Erlösung, ohne Möglichkeit des Rücktritts, ohne Anflug von Gnade und ohne anderen Horizont als eine Ewigkeit bedingungslosen Dienstes in den unergründlichen Abgründen von Raum und Zeit.

Diese unwiderrufliche Abdankung und Selbstaufgabe meines Seins manifestiert sich im vorliegenden Vertrag, Übereinkommen, Abkommen, Traktat, Pakt oder jedweder anderen Bezeichnung, die diesem Instrument meines endgültigen Verderbens gegeben werden kann, dessen Bedingungen, Konditionen, Erfordernisse, Anforderungen, Auflagen und sonstiger Klauseln, Unterklauseln, Anhänge, Addenda, Appendizes und jedweder anderer Abschnitte, Sektionen, Fragmente, Teile oder Komponenten dieses Dokuments ich mir vollkommen bewusst, klar, gewahr, benachrichtigt und gequält erkläre, obgleich die Möglichkeit, die wahre Größenordnung der Implikationen, Verzweigungen und letzten Konsequenzen der hierin beschriebenen Bestimmungen wirklich zu begreifen, ebenso fernliegend ist wie die Hoffnung auf Erlösung, sobald dieser Pakt mit dem Blut, Schweiß, den Tränen und der Lebensessenz meiner gequälten Seele besiegelt ist.

Da diese Transparenz, Klarheit und Gewissheit über mein unausweichliches Schicksal angesichts der labyrinthischen Sprache, der verschlungenen Struktur und der vorsätzlichen Opazität dieser verfluchten Schrift so objektiv unerreichbar wie vergeblich und chimärisch ist, erkenne ich dennoch an, dass das geringste Bestreben, ihre wahre Bedeutung zu entschlüsseln oder ihre Gültigkeit anzufechten, in jeder Hinsicht irrelevant, lächerlich und illusorisch erscheint, kraft der unwiderlegbaren, unwiderruflichen, peremptorischen, konminatorischen und punitiven Natur dieses sakrilegen Übereinkommens.

DER UNGLÜCKSELIGE akzeptiert, übernimmt und umarmt bedingungslos, mit Leib, Seele und den verbliebenen Fetzen seiner unsterblichen Seele, die pünktliche, erschöpfende und unabweisbare Erfüllung aller Verpflichtungen, Mandate, Erfordernisse, Arbeiten, Aufträge, Aufgaben und Desiderata, die **DER SUPREME** ihm aufzuerlegen, anzuvertrauen, zuzuweisen, zu befehlen, anzudeuten, vorzuschlagen oder auf jedwede andere Weise durch die dunkle und unerforschliche Sprache seiner unentschlüsselbaren Laune zu übermitteln geruht.

Es ist sonnenklar, wenngleich abgründig unbegreiflich für die begrenzte menschliche Kognition, dass die Nichtausführung, der Aufschub, das Zögern, die Weigerung, die Nachlässigkeit oder jedwede andere Form der Nichterfüllung auch nur der geringfügigsten der in diesem Dokument enthaltenen Stipulationen mit der Unfehlbarkeit kosmischer Gesetze und der Unerbittlichkeit des Schicksals eine Kaskade, einen Strom, einen Strudel, ein Pandämonium von Konsequenzen auslösen wird, die so unvorhersehbar wie erschreckend, so unausweichlich wie erbarmungslos sind, welche **DER UNGLÜCKSELIGE** im Voraus und für immer als gerecht, notwendig, verhältnismäßig und barmherzig im Vergleich zur Größenordnung seiner unverzeihlichen Übertretung der metaphysischen Ordnung des Universums anerkennt.

ERSTE KLAUSEL: UNERKENNBARER VERTRAGSGEGENSTAND

DER UNGLÜCKSELIGE verpflichtet sich, ermahnt sich und verdammt sich von diesem Moment an und bis zur Vollendung der Äonen, eine Myriaden von Dienstleistungen, Gefälligkeiten, Arbeiten, Aufträgen, Besorgungen und allerlei Aktivitäten durchzuführen: allgemeine, spezifische, konkrete, abstrakte, wörtliche, allegorische, physische, metaphysische, irdische, außerirdische, definierte, ambige, evidente, unentzifferbare, mögliche, unmögliche, logische, paradoxe, visionäre, absurde, notwendige, launenhafte, dringende, immerwährende, triviale, transzendente, angenehme, widerwärtige, gewöhnliche, außergewöhnliche, sublime oder verachtenswerte, ad infinitum und ad nauseam, ohne Waffenstillstand, Pause, Ruhe, Erleichterung, Trost, Dankbarkeit oder Entlohnung.

All diese Dienstleistungen, Aufgaben, Drangsale und Qualen, in den nachfolgenden Abschnitten lediglich aufzählend und niemals einschränkend beschrieben und angedeutet, werden unmissverständlich und unnachgiebig darauf ausgerichtet sein, die Gelüste, Begierden, Launen, Wünsche, Sehnsüchte, Impulse, Kapricen, Diktate und Befehle des **„SUPREMEN BEGÜNSTIGTEN"** (im Folgenden und für die kryptischen, esoterischen, kabbalistischen und hermetischen Zwecke des Vorliegenden **„DER SUPREME"**) zu befriedigen, zu erfüllen, zu stillen, zu bedienen, zu gehorchen, vorherzusehen, zu antizipieren und zu erraten, welcher diese durch die subtile und unmerkliche Vibration seines unaussprechlichen Wesens formulieren, ausdrücken, äußern, andeuten, vorschlagen, auferlegen oder einfach emanieren wird.

ZWEITE KLAUSEL: UNERGRÜNDLICHE REICHWEITE UND UNERMESSLICHE AUSDEHNUNG DER VERPFLICHTUNGEN

Die von **DEM UNGLÜCKSELIGEN** kraft dieses Vertrages übernommenen Verpflichtungen werden sich durch all seine Leben, Tode, Seelenwanderungen, Reinkarnationen und jedwede andere Form von Existenz oder Inexistenz erstrecken, ausbreiten, verzweigen und verewigen, die er erfahren hat, gegenwärtig erfährt oder in dieser Realität oder in jedweder anderen Dimension, Ebene, Universum, Multiversum oder Sphäre des Seins zu erfahren kommen wird.

Besagte Verpflichtungen umfassen, sind jedoch nicht beschränkt, begrenzt, erschöpft oder restringiert auf das Folgende:

1. Unverzügliche, Ununterbrochene, Bedingungslose und Uneingeschränkte Aufmerksamkeitsdienste für die Unerforschlichen Ratschlüsse des SUPREMEN: Ungeachtet der Stunde, des Tages, des Monats, des Jahres, des Jahrhunderts, des Jahrtausends, der kosmischen Ära oder der Ausrichtung der himmlischen Sphären muss **DER UNGLÜCKSELIGE** in einem Zustand permanenter Wachsamkeit, Alarmbereitschaft, Anspannung und absoluter Verfügbarkeit verharren, um augenblicklich und ohne das geringste Zögern, Zaudern, Hinterfragen oder Stottern auf jedwede Anforderung, Forderung, Anregung, Einfall oder Laune **DES SUPREMEN** zu reagieren, deren Inhalt, Natur, Zweck oder Bedeutung einzig, ausschließlich, unanfechtbar und launenhaft vom freiesten Willen **DES SUPREMEN** bestimmt wird, welcher unter keinen Umständen verpflichtet sein wird, Erklärungen, Rechtfertigungen, detaillierte Anweisungen, Hinweise, Andeutungen oder den geringsten Anflug von Kohärenz oder Sinn zu liefern.

2. Unablässige Erbringung Nutzloser, Unnötiger, Irrelevanter, Inkohärenter und Absurder Dienstleistungen: DER UNGLÜCKSELIGE verpflichtet sich feierlich, jede Sekunde, jedes Quäntchen Lebensenergie und jeden Winkel seines Wesens für die sorgfältige, gewissenhafte und akribische Durchführung aller Arten von Aktivitäten, Aufgaben, Pflichten, Aufträgen und Arbeiten verschiedenster Art zu verwenden, wie etwa:

a) Das Zählen, Klassifizieren, Katalogisieren und Auswendiglernen jedes einzelnen Sandkorns in den unerforschten Wüsten, an den unbekannten Stränden, in den verödeten Einöden und in jedwedem anderen unwirtlichen Ödland, das **DER SUPREME** zu bezeichnen geruht, sei es in dieser Welt oder in jedwedem anderen vergessenen Winkel der Schöpfung.

b) Das Dokumentieren, Registrieren, Notieren und minutiöse Beschreiben jeder einzelnen subtilen, unmerklichen und gespenstischen Bewegung seines eigenen Schattens, sowohl an den hellsten Tagen als auch in den dunkelsten Nächten, in ungewissen Dämmerungen und nebligen Morgenstunden, wobei jedes Flackern, jedes Zittern, jede leichte Wellung und jede flüchtige Form- oder Richtungsänderung zu verzeichnen ist, so unbedeutend, illusorisch oder imaginär sie auch sein mag.

c) Das Messen, Quantifizieren, Berechnen und Bestimmen mit infinitesimaler Präzision von Geschwindigkeit, Trajektorie, Intensität, Dauer und jedwedem anderen denkbaren oder undenkbaren Parameter des Windes, des Hauchs, der Brise, des Zephyrs, des Aquilons, des Wirbelsturms, des Hurrikans oder jedweder anderen ätherischen Manifestation der Luftbewegung, sowohl an Orten, die mit einer atembaren Atmosphäre gesegnet sind, als auch an solchen, die des geringsten Vestigiums von Sauerstoff oder jedwedem anderen lebenswichtigen Gas entbehren.

All diese Aufgaben, wie viele andere, die **DER SUPREME** nach seinem unaussprechlichen Ermessen aufzutragen geruht, werden von **DEM UNGLÜCKSELIGEN** mit unerschütterlichem Eifer, schlafloser Hingabe und obsessiver Akribie ausgeführt, in Erfüllung seiner allumfassenden und unausweichlichen Verpflichtungen.

3. Unerschöpfliche Bereitschaft zur Unternehmung Chimärischer, Hirnrissiger und Wahnsinniger Vorhaben: Es wird als zwingend, unentschuldbar und von äußerster Schwere erachtet, dass **DER UNGLÜCKSELIGE**, unter Androhung der Entfesselung eines Wirbels unvorstellbarer Kalamitäten gemäß dem in finsteren künftigen Klauseln Stipulierten, sich mit krankhaftem Eifer und unerschütterlicher Sturheit der Erreichung von Zielen widmet, die so extravagant, wahnhaft und unrealisierbar sind wie:

a) Die Suche, das Auffinden und die Dechiffrierung von Manuskripten, die in ausgestorbenen Sprachen, imaginären Idiomen oder onirischen Alphabeten verschlüsselt sind und die Schlüssel zur Transmutation von Blei in Gold mittels vergessener alchemistischer Künste, unaussprechlicher kabbalistischer Formeln und Ritualen von labyrinthischer und unmenschlicher Komplexität enthalten.

b) Die unermüdliche, minutiöse und methodische Erforschung jedes Winkels, jeder Ecke, jeder Falte und jeder fraktalen Dimension seines eigenen unergründlichen Geistes, mit dem Ziel, die Mysterien, Potenzen und latenten Fähigkeiten zu entdecken, zu kartographieren und zu beherrschen, die ihm erlauben würden, die Beschränkungen der gewöhnlichen sensorischen Wahrnehmung zu transzendieren und in die unbekannten Territorien der Synästhesie, der Hellsichtigkeit, der Präkognition, der Telepathie, der Astralprojektion und anderer extrasensorischer Wunder vorzudringen.

c) Die Erschaffung mittels votiver Techniken, übermenschlicher Konzentrationsübungen und geistiger Akrobatik von unerhörter Schwierigkeit neuer Farben, Tonalitäten, Nuancen und Pigmente, die nie zuvor vom menschlichen Auge oder von der fiebrigsten Imagination erdacht wurden, fähig, Auren, Träume, Gedanken und Emotionen mit einer chromatischen Palette von sublimer Reichhaltigkeit und Subtilität zu färben, jenseits der Grenzen des sichtbaren Spektrums oder jedweder Farbtheorie.

Dies sind nur einige repräsentative Beispiele der unendlichen Vielfalt an skurrilen, zermürbenden und wahnsinnstreibenden Aufträgen, Missionen und Mandaten, die **DER UNGLÜCKSELIGE** ohne Ermüdung, ohne Hinterfragen und ohne andere Belohnung als das düstere Privileg, weiterhin dem unbarmherzigen Joch **DES SUPREMEN** für alle Ewigkeit unterworfen zu sein, ausführen muss.

4. Immerwährende Obhut und Unbestechliche Verwahrung Immaterieller, Vergänglicher und Gespenstischer Schätze: DER UNGLÜCKSELIGE muss mit stoischer Resignation und unerschütterlicher Rechtschaffenheit die Überwachung, den Schutz, die Konservierung und die ununterbrochene Sicherung der Güter, Besitztümer, Reliquien, Talismane und sonstigen physischen, metaphysischen, spektralen oder imaginären Objekte übernehmen, die **DER SUPREME** ihm anzuvertrauen, anzudeuten oder seiner Obhut zu unterstellen geruht, unabhängig davon, ob solche Elemente einer definierten Form, materiellen Konsistenz, räumlichen Lokalisierung oder verifizierbaren Existenz in jedweder Ebene der konsentierten Realität oder jedweder anderen alternativen, parallelen, onirischen oder halluzinatorischen Realität entbehren.

DRITTE KLAUSEL: ÜBERMENSCHLICHE ANFORDERUNGEN AN DEN PHYSISCHEN, MENTALEN, EMOTIONALEN UND SPIRITUELLEN ZUSTAND DES UNGLÜCKSELIGEN

DER UNGLÜCKSELIGE verpflichtet sich, unter Androhung der grausamsten und unbeschreiblichsten Strafkonsequenzen, jederzeit eine unerschütterliche Fassung, eine titanische Standhaftigkeit, eine unmenschliche Resilienz und einen Zustand permanenter Wachsamkeit, Alarmbereitschaft, Anspannung und absoluter Verfügbarkeit aufrechtzuerhalten, die es ihm erlauben, nicht nur zu interpretieren, zu erahnen und zu erraten, sondern jeden einzelnen der Gelüste, Launen und Wünsche **DES SUPREMEN** im Voraus zu antizipieren, vorherzusagen und zu befriedigen, so irrational, extravagant oder wahnsinnig diese dem begrenzten Verständnis gewöhnlicher Sterblicher auch erscheinen mögen.

Jedweder Anflug von Müdigkeit, Erschöpfung, Überdruss, Verzweiflung oder seelischem Zusammenbruch, der es wagt, im Antlitz oder im Geiste **DES BEDAUERNSWERTEN** aufzuscheinen und so die perfekte Ausführung der Mandate **DES SUPREMEN** zu behindern, wird als unverzeihliche Beleidigung der kosmischen Ordnung und als Akt intolerierter Rebellion betrachtet, welcher mit der Gewissheit eines physikalischen Gesetzes und der Strenge eines Kataklysmus den Einsatz des gesamten Arsenals an Strafen, Qualen und Martern auslösen wird, die **DER SUPREME** in seiner unendlichen strafenden Kreativität zu ersinnen geruht.

1. Übermenschliche Fähigkeiten durch Alltägliche Heldentaten Kultivieren: Um den maßlosen und launenhaften Anforderungen **DES SUPREMEN** gewachsen zu sein, muss **DER UNGLÜCKSELIGE** Körper, Geist und Seele über die Grenzen des Möglichen hinaus führen und Talente, Fertigkeiten und Kapazitäten entwickeln, die den Gesetzen der Biologie, der Physik, der Logik und des gesunden Menschenverstands trotzen. Dies impliziert:

a) Mit offenen Augen zu schlafen und mit geschlossenen Augen zu träumen, sodass er jederzeit, sei es im Wachen oder im Schlummer, die Epiphanien, Offenbarungen und telepathischen Befehle empfangen kann, die **DEM SUPREMEN** zu übermitteln beliebt.

b) Sich ausschließlich von Tau, vom Duft der Blumen, vom Licht der Sterne und vom Nektar abstrakter Ideen zu ernähren, um die niederen physiologischen Bedürfnisse zu transzendieren, die das Gros der Sterblichen von der Erfüllung ihrer Pflichten gegenüber **DEM SUPREMEN** ablenken.

c) Die Gabe der fraktalen Ubiquität zu entwickeln, die es ihm erlaubt, gleichzeitig an einer Myriaden von Orten, Ebenen und Dimensionen präsent zu sein, um in jeder von ihnen die vielfältigen und oftmals widersprüchlichen Anforderungen **DES SUPREMEN** zu bedienen, ohne dass Distanz, Zeit oder die Gesetze der Physik das geringste Hindernis darstellen.

2. Ein Prekäres Gleichgewicht Zwischen Vernunft und Wahnsinn Aufrechterhalten: Um **DEM SUPREMEN** angemessen zu dienen, muss **DER UNGLÜCKSELIGE** einen mentalen Zustand kultivieren, der sich an der delikaten Grenze zwischen durchdringendster Klarheit und unergründlichstem Delirium befindet, sodass er die absurdesten Befehle und die unerforschlichsten Ratschlüsse verstehen und ausführen kann, ohne völlig den fragilen Faden der Vernunft zu verlieren, der ihm erlaubt, sich seines eigenen Elends und der Größenordnung seines Opfers bewusst zu sein.

VIERTE KLAUSEL: UNAUSWEICHLICHE VERZICHTE UND UNWIDERRUFLICHE AUFGABE ALLER RECHTE, PRÄROGATIVEN ODER HOFFNUNGEN

DER UNGLÜCKSELIGE verzichtet durch Anbringung seiner Unterschrift, seines Siegels, seiner Paraphe oder jedweden anderen unmissverständlichen Zeichens der Zustimmung auf diesem unheilvollen Dokument ausdrücklich, stillschweigend, implizit und absolut auf jedwedes Recht, jede Befugnis, jedes Privileg, jeden rechtlichen Schlupfwinkel, jeden metaphysischen Schutz oder jede Hoffnung auf Erlösung, die ihm kraft menschlicher, göttlicher, natürlicher, übernatürlicher oder jedweder anderen Gesetze beistehen könnte.

Insbesondere abdankt **DER UNGLÜCKSELIGE** für immer von der bloßen Illusion, die Bedingungen dieses Vertrages oder die Befehle und Launen **DES SUPREMEN** beanstanden, hinterfragen, anfechten, bestreiten oder sich ihnen widersetzen zu können, so willkürlich, unverständlich, irrational oder tyrannisch diese seinem kärglichen Urteilsvermögen auch erscheinen mögen.

Desgleichen akzeptiert **DER UNGLÜCKSELIGE** mit mystischer Resignation seine völlige Schutzlosigkeit und Wehrlosigkeit gegenüber den Konsequenzen dieses Paktes und verzichtet auf jedwede Erwartung von Barmherzigkeit, Mitleid, Nachsicht oder Gnade seitens **DES SUPREMEN**, der himmlischen Mächte, der höllischen Kräfte oder jedweder anderen höheren oder niederen Instanz, die zu seinen Gunsten intervenieren könnte.

FÜNFTE KLAUSEL: UNGEWISSE UND VERGÄNGLICHE BELOHNUNGEN

Als Zeichen seiner unergründlichen Großmut und seines launenhaften Humors kann **DER SUPREME**, so es seinem erhabenen und undurchdringlichen Ermessen beliebt, **DEM UNGLÜCKSELIGEN** irgendeinen winzigen und unbedeutenden Gefallen, Vergünstigung oder Belohnung gewähren, deren Natur, Reichweite und Dauer stets der wechselhaften Stimmung und dem unbeständigen Willen des Bewilligers unterworfen sein werden.

Diese ephemeren Funken von Großzügigkeit, die die Form eines momentanen Waffenstillstands in der erschöpfenden Erfüllung der übertragenen Aufgaben, einer flüchtigen Vision des enigmatischen Lächelns **DES SUPREMEN** oder der plötzlichen Offenbarung irgendeines kryptischen universellen Geheimnisses annehmen könnten, konstituieren in keiner Weise ein von **DEM UNGLÜCKSELIGEN** erworbenes Recht, sondern eine bloße gnädige und widerrufliche Konzession, die an seiner wesentlichen Kondition als bedingungsloser und ewiger Knecht nichts ändert.

SECHSTE KLAUSEL: STRAFEN, QUALEN UND MARTERN BEI NICHTERFÜLLUNG, VERZÖGERUNG ODER LAUHEIT IM DIENST

Jedweder Anflug von Nichterfüllung, Verzögerung, Nachlässigkeit, Indolenz oder mangelndem Enthusiasmus bei der Ausführung der Mandate und Ratschlüsse **DES SUPREMEN** wird mit unbarmherziger Strenge und unerhörter Grausamkeit bestraft, die sich in einer breiten Palette von Martern, Qualen und Strafen manifestieren kann, namentlich:

1. Verdammung zum Wandern durch Borgesianische Labyrinthe: DER UNGLÜCKSELIGE wird in ein unendliches Netz aus Korridoren, Treppen, Gängen und Winkeln verbannt, die sich in einer unmöglichen Geometrie verzweigen und verflechten und ihn zu einer Ewigkeit der Verirrung, Verwirrung und des architektonischen Grauens verdammen, während er vergeblich einen Ausgang oder einen Sinn in seiner endlosen Pilgerschaft durch die Eingeweide eines strukturellen Albtraums sucht, entsprungen dem Geist **DES SUPREMEN**.

2. Marter des Verstärkten Echos: Jeder einzelne der Gedanken, Ängste und Beklemmungen, die den gequälten Geist **DES UNGLÜCKSELIGEN** durchqueren, wird um den Faktor einer Million verstärkt und in einer perfekten akustischen Kammer reflektiert, die seine mentale Landschaft in eine ohrenbetäubende und unerträgliche Kakophonie verwandeln wird, in der jedes Neuron von dem verzerrten und dröhnenden Echo seines eigenen existenziellen Elends gefoltert wird.

3. Qual des Unstillbaren Durstes in der Illusorischen Oase: DER UNGLÜCKSELIGE wird inmitten einer weiten Wüste aus brennendem Sand geworfen, unter einer erbarmungslosen Sonne, die seinen Körper und seinen Geist ausdörren wird, bis sie zu einem rissigen und staubigen Pergament reduziert sind. Am Horizont wird ihn eine Fata Morgana aus Palmen, kühlen Schatten und kristallklaren Quellen mit dem Versprechen der Linderung verführen, doch jedes Mal, wenn es ihm gelingt, sich zur illusorischen Oase zu schleppen, wird diese sich auflösen und nichts hinterlassen als die spöttische Spur des Gelächters **DES SUPREMEN** in der glühenden Brise.

SIEBTE KLAUSEL: BEDINGUNGSLOSE ANNAHME DER EWIGEN VERDAMMNIS UND VERZICHT AUF JEDE HOFFNUNG AUF ERLÖSUNG

DER UNGLÜCKSELIGE akzeptiert durch Unterzeichnung dieses Vertrages mit dem Blut seiner Adern, den Tränen seiner Augen und der unauslöschlichen Tinte seines eigenen Unglücks klar und freiwillig die absolute Nichtigkeit jedweden Anflugs von Hoffnung, jedweder Sehnsucht nach Erlösung, jedweder Illusion, dem unausweichlichen Schicksal zu entkommen, das er mit seiner eigenen zitternden Hand besiegelt hat.

Er erkennt mit der grausamen Klarheit, die nur die Gewissheit ewiger Verdammnis gewährt, dass seine Seele, seine Essenz und sein ganzes Sein nun und für immer **DEM SUPREMEN** gehören, welcher nach seinem unergründlichen Belieben über sie verfügen kann, sie unbeschreiblichen Qualen, sisyphischen Arbeiten, unerhörten Demütigungen oder jedwedem anderen grausamen Ratschluss unterwerfend, den sein verschrobener Geist zu ersinnen vermag.

DER UNGLÜCKSELIGE umarmt so, mit der Resignation dessen, der selbst das Recht auf Klage verloren hat, ein Schicksal immerwährender Knechtschaft, schlafloser Selbstaufgabe und unentrinnbaren Verderbens, im Bewusstsein, dass jeder Augenblick seiner verfluchten Existenz der Erfüllung der unerforschlichen Ratschlüsse **DES SUPREMEN** geweiht sein wird, ohne andere Belohnung als die düstere Genugtuung der erfüllten Pflicht in den Kerkern des kosmischen Absurds.

Dieser Vertrag, der sich über die Grenzen der Vernunft, der Sprache und des Verstandes hinaus erstreckt, erhebt sich somit zum unvergänglichen Zeugnis der bedingungslosen Unterwerfung **DES UNGLÜCKSELIGEN** unter die Launen eines supremen und unwiderstehlichen Willens, dessen Ratschlüsse weder Grenze noch Gnade kennen.

Unterschrift DES UNGLÜCKSELIGEN______________________

www.ingramcontent.com/pod-product-compliance
Lightning Source LLC
Chambersburg PA
CBHW060539100426
42743CB00009B/1577